ATTENTION

Le contenu de ce livre peut heurter la sensibilité des personnes qui ont été victimes de harcèlement, d'agressions sexuelles, ou de viol. Vous pouvez tout à fait lire ce livre en plusieurs fois et sauter des passages. C'est **OK.**

Sommaire

AVANT-PROPOS **10**

LE HARCÈLEMENT, C'EST QUOI ? **24**

La place de la femme… 26
Le sexisme ordinaire 29
Différentes formes de harcèlement 31

ACTION, RÉACTION ! **86**

La dénonciation sur les réseaux sociaux 89
Déposer une plainte, comment faire ? 95
Le harcèlement de rue : l'outrage sexiste 101
La méthode des 5D 107
Au-delà du harcèlement, faire face aux agressions sexuelles dans l'espace public 119
Que faire après l'agression ? 126

LA GESTION DES ÉMOTIONS **128**

La culture du viol 131
Le consentement 133
Aller vers la guérison 136

CONCLUSION **153**

LEXIQUE **156**

JE VOUS RECOMMANDE… **159**

Les comptes Instagram à suivre en France 161
Les comptes Instagram à suivre dans le monde 163

CONTACTS UTILES **164**

SOURCES **169**

L'association

Le 10 juillet 2020, je lance sur un coup de tête la page Instagram @disbonjoursalepute dans le but de partager des témoignages de victimes de harcèlement de rue. En quelques jours, le compte explose et je reçois des milliers de témoignages.

Quelques semaines plus tard, en septembre, je suis approchée par une maison d'édition pour l'écriture du livre que vous avez présentement entre vos mains.

De fil en aiguille, le compte Instagram et l'écriture du livre prennent une place énorme dans ma vie. Je décide alors de quitter mon CDI confortable et sécurisant pour me lancer dans l'aventure associative.

C'est ainsi qu'en mars 2021, je crée « DBSP Stop au sexisme », une association de lutte au quotidien contre le harcèlement sexiste et sexuel dans l'espace public et les violences faites aux femmes et aux personnes sexisé.e.s.

Les droits d'autrice de ce livre permettront de financer les futurs projets de l'association, alors je tiens à vous remercier de faire part à ce combat en ayant acheté ce livre.

En Alsace, là où DBSP a été fondée, la loi requiert 7 membres fondateurs pour créer une association. Je suis comblée d'être accompagnée de ma famille, mon amoureux, et de deux amies.

Si vous voulez vous engager à nos côtés, n'hésitez pas à nous écrire sur notre site Internet.

Vous pouvez suivre toutes les actualités de l'association ici :
www.dbsp.fr

***Je te* crois.**
***Tu le.la* crois.**
***Il, elle, iel te* croit.**
***Nous te* croyons.**
***Vous le.la* croyez.**
***Ils, elles, ielles te* croient.**

Février
7

RAPPEL

Aujourd'hui ça fait 9 ans...
Tu t'en rappelles, hein ? Tu gares la voiture dans ce parking souterrain. Quand tu le vois foncer sur toi, tu sais immédiatement ce qui va se passer. Tu cries, tu as peur. Mais personne ne t'entend. Il te bloque contre la voiture, puis te jette au sol, passe ses mains sous tes vêtements, te donne un coup au visage, te force à l'embrasser. Tu essaies de lui parler, de lui dire que s'il te laisse partir, tu ne diras rien. Il doute, tu te relèves, tu cours. Il te rattrape et te tire à nouveau vers le fond du parking. Ce jour-là, tu as cru que tu allais mourir, et une partie de toi est restée dans ce parking. C'est nul de s'en rappeler chaque année, ça serait bien d'oublier, hein ?

Avant-propos

Écrire ce livre aujourd'hui ne relève pas du hasard : depuis ma plus tendre enfance – et comme une majorité des femmes que je connais –, je suis victime de sexisme et de harcèlement sexiste au quotidien. Je l'imagine éducatif et pédagogique plutôt que moralisateur, j'ai pour but de vous faire prendre conscience de la banalisation et de l'invisibilisation du harcèlement dans l'espace public.

Je m'appelle Emanouela Todorova, je suis née en Bulgarie, j'ai grandi en France et après avoir suivi mes parents dans plusieurs villes françaises, j'ai décidé d'aller vivre à Berlin en 2018.

Adolescente, j'ai été harcelée à l'école : j'étais bulgare dans un village alsacien, j'avais de la moustache, de l'acné, un appareil dentaire, j'étais maigre et je ne portais pas les fringues à la pointe de la mode. J'ai subi les tirages de cheveux dans la cour de récréation, les courses poursuites à vélo dans les ruelles du village, les rumeurs malsaines, les lettres écrites par des groupes entiers lues au beau milieu de la cour de récréation pour m'humilier et j'en passe…

L'année de mes 19 ans, j'ai été victime de harcèlement moral dans l'entreprise où j'étais en alternance. J'ai entamé ma carrière avec un procès aux prud'hommes.

En février 2012, j'ai été victime d'une agression sexuelle dans un parking souterrain. Je n'ai pas vu ma vie défiler comme dans les films, mais une partie de moi est morte ce jour-là.

L'année de mes 26 ans, j'ai été victime de harcèlement moral à un poste que j'avais rêvé d'avoir. Manipulation, intimidations, remarques sexistes à longueur de journée, mansplaining et même, mon épaule mordue pendant que je travaillais. Lorsque j'ai dit que je voulais partir, effondrée, en larmes, en burn-out total, j'ai eu droit à un « Ben, fais tes affaires, tu peux partir de suite ». Zéro remise en question.

J'ai été moins bien payée que des hommes pour un emploi équivalent, j'ai déjà été considérée comme faible physiquement parce que je suis une femme, on a déjà demandé l'avis d'un homme plutôt que le mien en réunion, on m'a demandé si je portais une jupe pour avoir une augmentation, etc. Des exemples, j'en ai des dizaines et j'imagine que les femmes et les personnes sexisé.e.s qui me liront peuvent en dire autant.

Et puis, il va sans dire que j'ai été victime de harcèlement sexiste dans la rue depuis que je suis en âge de me déplacer : enfant accompagnée de ma mère, adolescente en attendant mon train, adulte en rentrant chez moi…

Aujourd'hui, j'écris ce livre pour libérer la parole des victimes, pour prendre part au combat qui nous anime tous.tes au plus profond de nos tripes, pour essayer de changer les mentalités, pour éduquer les générations futures.

J'ai été harcelée dans la rue depuis mon plus jeune âge. J'ai été humiliée par un professeur à la limite de la pédophilie. J'ai été sexuellement agressée au travail. J'ai été victime d'une tentative de viol dans un parking souterrain. J'ai été insultée parce que je portais une jupe. Je ne suis pas la seule. Nous sommes beaucoup trop nombreux.ses. Ces traumatismes sont dans cette introduction pour que vous compreniez la force qui m'anime dans cette lutte. On ne naît pas féministe, on le devient.

7 février 2012 : je garais la voiture du boulot dans le parking souterrain de l'entreprise où je travaillais quand, au moment où je ferme la porte à clé, un homme surgit derrière moi. À la seconde où nos regards se croisent, je sais ce qui va se passer. Il me plaque contre la voiture, impose ses mains sur tout mon corps, enfonce sa langue dans ma bouche, me dévisage comme un animal affamé, me jette contre le sol. Je me revois pleurant, le suppliant d'arrêter. Incapable de réagir comme je l'avais toujours imaginé : « Je lui mets un bon coup de pied entre les jambes et je m'enfuis ». Non, je n'ai pas réussi. J'ai totalement perdu

mes moyens. Mon cerveau a bloqué et s'est préparé à mourir. Je me rappelle très bien m'être dit : « Voilà, tu vas mourir maintenant ».

Lorsque Hugues, un collègue, a fini par comprendre où j'étais en suivant mes cris, il a réussi à ouvrir la porte du garage et l'agresseur piégé a pris les jambes à son cou. J'ai remonté la pente du garage et je me suis effondrée, en sang, dans la rue. J'ai crié aux passant.e.s : « Rattrapez cet homme ! ». Ielles se sont retourné.e.s, mais personne n'a bougé. L'agresseur avait disparu pour toujours.

Le jour même, j'ai passé trois heures au poste de police pour essayer d'identifier un visage dans une base de données sans fin, avec du contenu obsolète et indéchiffrable. J'ai dû moi-même dessiner le portrait-robot un mois plus tard, voyant que rien ne bougeait. Je n'ai jamais eu de réponse. L'affaire a été classée sans suite.

Quelques jours après l'agression, une psychologue qui m'avait été attribuée par la police m'a reçue dans son cabinet. C'était loin de ce que j'avais imaginé. C'était austère. Il n'y avait aucune compassion dans sa voix. Une atmosphère froide, des questions apprises par cœur. Quand au bout de 30 minutes, je me suis débloquée, j'ai réussi à parler et j'ai fondu en larmes, elle a regardé sa montre et elle m'a dit : « Ok, la séance est terminée, on se revoit la semaine prochaine ? ». Je suis sortie vidée, esseulée, incomprise et je n'y suis plus jamais retournée.

Aujourd'hui, je suis vivante, avec des séquelles physiques et psychologiques. Cette agression sexuelle m'a cloîtrée chez moi pendant trois mois. Trois mois où je ne voulais pas parler aux hommes, trois mois où je ne voyais pas mes amis masculins, trois mois où j'étais couchée dans ma chambre d'adolescente à faire des crises d'angoisse à longueur de journée.

9 juillet 2020. C'est le harcèlement de trop, celui qui m'a amenée à lancer le compte Instagram @disbonjoursalepute et à écrire ce livre.

J'étais à la gare de Sélestat, de retour quelques jours en Alsace pour voir ma famille. J'attendais que ma mère vienne me chercher. Je me rappelle qu'il faisait beau, je portais une jupe plissée à motifs et un body décolleté.

J'étais au téléphone avec un ami, adossée à une rambarde. Je remarque le harceleur de loin (à croire qu'on a des radars à emmerdeurs), mais je l'ignore. Il s'approche de moi, me regarde de haut en bas, se mord la lèvre et me dévisage avec un sourire lubrique. Je fais mine de l'ignorer, cachée derrière mes lunettes de soleil. Mais ça ne lui suffit pas. Il essaye d'engager la conversation. À ce moment-là, je suis de bonne humeur et je ne veux pas me prendre la tête, alors je lui dis fermement que je suis en ligne (au cas où il ne l'aurait pas remarqué), merci au revoir. Évidemment, ça ne l'arrête pas et il stagne à côté de moi en espérant que je lui réponde. Excédée, je lui dis : « Je pense que t'as pas compris en fait, on se connaît pas et je suis occupée, alors bouge et lâche l'affaire ». Il s'en va, le regard noir, en marmonnant dans sa barbe.

Ma mère finit par arriver, je me dirige vers la voiture et à ce moment précis, le relou de service s'approche à nouveau et me traite de « sale pute ». Je me rappelle avoir hurlé quelque chose comme : « De quel droit tu me traites de sale pute ? Faut que t'apprennes que les femmes s'habillent comme elles le veulent et qu'une jupe n'est pas une invitation à venir nous parler ! Tu devrais t'éduquer au lieu de zoner dans la gare et emmerder les nanas qui vivent leur vie ! ». Tous les gens devant la gare étaient manifestement choqué.e.s de la scène et observaient en silence.

Quand je m'engouffre dans la voiture, je suis face à deux discours. Mon ami en ligne qui me dit qu'il est épaté de la manière dont j'ai remis ce type à sa place et que je dois vraiment en parler à sa fille. Puis, ma mère protectrice (très marquée par l'agression que j'ai subie en 2012) qui me dit tendrement que je devrais me taire et ne pas réagir parce que « de toute façon c'est peine perdue ». Je suis rentrée chez moi très énervée. Ma sœur et ma cousine qui étaient là ont également réagi comme ma mère. Mon père en revanche, m'a soutenu que j'avais raison de répondre et que c'est comme ça que les choses allaient changer. Deux salles, deux ambiances.

Le soir, après en avoir parlé sur mon compte Instagram personnel, j'ai reçu plus de 200 messages d'abonnées affirmant vivre la même chose au quotidien et qui ne savaient pas à qui en parler ou à qui on disait : « Non, mais laisse tomber, ça n'en vaut pas la peine ».

Comme le dit si bien l'adage, « La nuit porte conseil ». Au réveil, je savais que je devais faire quelque chose. Alors, j'ai créé @disbonjoursalepute sur Instagram. Une semaine plus tard, le compte avait plus de 10 000 abonné.e.s et cela n'a fait que croître. Les médias se sont emparés du sujet et le compte a explosé. La suite de l'histoire, vous la connaissez.

Un témoignage qui date d'il y a trois jours :
« Hé madame, madame »
Ce jour-là, je suis super énervée, j'ai aucune envie de répondre gentiment.
« Madame, madame » une seconde fois.
Je ne réponds toujours pas.
« Nique ta mère sale pute. »
Voilà. Simple. Efficace. Un classique.

On me demande régulièrement pourquoi j'ai choisi ce nom : « C'est vulgaire », « Tu insultes les métiers de la prostitution », « C'est un nom clic à pute », etc.

Je réponds toujours que c'est la manière dont la plupart des harceleurs réagissent quand tu n'es pas intéressé.e par eux.

C'est ainsi que le 10 juillet 2020 a commencé, sans que je m'y attende une seule seconde, cette nouvelle aventure qui prendra une place plus que considérable dans mon quotidien pour en devenir un vrai projet de vie. Depuis ce jour, je reçois quotidiennement des dizaines de témoignages. Les victimes sont en grande majorité des femmes.

Je me rappelle d'ailleurs que la première semaine, Camille du compte @jemenbatsleclito m'a appelée pour me donner de la force. Elle m'a aussi parlé de « la charge mentale des militant.e.s » et m'a fait promettre de ne pas m'oublier. Ce coup de fil, j'y pense quasiment chaque jour. Chaque fois qu'un message est trop difficile à lire, chaque fois que je me sens impuissante, chaque nuit où je ne ferme pas les yeux parce que je ne me sens pas assez forte, chaque fois que les trolls viennent détruire les victimes avec leurs commentaires, chaque fois que je reçois un message du type « Ben salut sale pute, féministe de merde ».

La réalité est brutale. 93 000 femmes sont victimes de viol ou de tentative de viol chaque année. 9 femmes sur 10 connaissent l'agresseur[1].

32 % des femmes ont déjà subi du harcèlement sexuel au travail[2]. 81 % des femmes en France ont déjà été victimes de harcèlement sexuel dans les lieux publics[3]. 100 % des femmes utilisatrices de transports en commun ont déjà été victimes de harcèlement sexiste et sexuel au moins une fois au cours de leur vie[4]. 25 % des femmes de 18 à 29 ans ont peur dans la rue[5].

Je suis féministe. J'ai toujours détesté l'injustice et j'ai toujours ressenti de la haine envers les hommes qui harcèlent, qui agressent, qui violent, qui tuent.

Il me semble nécessaire de revenir sur le fait que le mouvement féministe est un ensemble d'actions, de mouvements, de moyens, portés par des femmes et des personnes sexisé.e.s[6] pour obtenir une équité, une égalité des droits hommes-femmes au niveau politique, économique, culturel, social, et juridique. Le féminisme a pour but de détruire le patriarcat, c'est-à-dire de mettre fin à une société dominée par les hommes et non pas, comme certains aiment le dire : détruire les hommes.

PAS TOUS LES HOMMES

MAIS ASSEZ POUR

QU'ON AIT TOUS.TES PEUR

Depuis l'Antiquité, l'homme père est placé au centre de la famille, érigé comme le chef. C'est autour de cette structure qu'il a obtenu une place similaire dans la société. On constate l'omniprésence masculine dans les médias, dans le gouvernement, dans les postes à responsabilités. Le sexisme ordinaire banalisant l'humiliation des femmes sous prétexte qu'il s'agit de « blagues » place encore une fois l'homme en position de dominant. Les féminicides par centaines et les violences faites aux femmes font des hommes des dominants physiques. Le mansplaining, qui consiste à parler au nom des femmes, à les couper quand elles parlent, à paternaliser leurs discours, fait des hommes des dominants dans le milieu professionnel, entre autres. Tous ces exemples font de l'homme cisgenre un privilégié dans la société.

« Pas tous les hommes, mais assez pour qu'on ait tous.tes peur »[7]

Ce collage féministe placardé dans les rues de Marseille exprime très justement la situation dans laquelle les femmes et les personnes sexisé.e.s vivent dans l'espace public aujourd'hui.

Quand je dîne chez des ami.e.s, je pense déjà au retour et au chemin que je vais devoir emprunter pour éviter d'être harcelée dans la rue. Quand je marche seule dehors le soir, je ne peux m'empêcher de me retourner pour voir s'il n'y a pas quelqu'un qui me suit. Quand je monte seule dans un Uber, je reste en ligne avec quelqu'un de confiance tout le long du trajet. Quand je monte dans une rame de métro et que la seule personne présente est un homme, je ne suis pas sereine. Ces affirmations m'appartiennent, mais relèvent du quotidien de beaucoup de victimes.

QUEL HOMME ÊTES-VOUS ?

Je ne voudrais pas faire de généralités, mais je pense qu'une très grande partie des hommes qui liront ce livre ne se reconnaîtront pas dans les situations énumérées à la page précédente. Prendre part au féminisme, en tant qu'homme, commence par faire une introspection : avez-vous déjà suivi une femme ou une personne sexisé.e dans la rue ? Avez-vous déjà fait du *forcing* pour avoir une relation sexuelle ? Avez-vous déjà été violent avec une femme ? Faites-vous des blagues sexistes impliquant une humiliation du sexe opposé ? Coupez-vous la parole aux femmes ou aux personnes sexisé.e.s ? Est-ce que le partage des tâches ménagères est inné ou est-ce que vous le laissez à votre partenaire ? Laissez-vous votre partenaire s'occuper de tout l'administratif ? des enfants ? des courses ? Avez-vous déjà demandé à votre partenaire si elle est chiante parce qu'elle a ses règles ?

Il existe de plus en plus d'hommes qui soutiennent le mouvement et militent aux côtés des féministes. Souvent, ils ont effectué un travail qui consiste à déconstruire les rôles de genres prédéfinis. Les hommes peuvent aussi être activistes en reprenant des amis qui font des blagues sexistes, en réagissant dans une situation de harcèlement au lieu de rester spectateur — et donc, de valider l'agression. L'information est partout, à la portée de tous.tes : sur Internet, dans des livres, dans des podcasts, sur les réseaux sociaux, dans la rue. Ne pas se documenter révèle un désintérêt du mouvement, la volonté de rester ancré dans des privilèges sociaux et la validation d'un système d'oppression.

ÊTRE TÉMOIN, C'EST ÊTRE COMPLICE

Dans le cadre de la Journée internationale des luttes contre les violences faites aux femmes en novembre 2020, la Maison des Femmes a publié une vidéo éducative #BeAMan avec en narrateur Cédric Doumbé, champion du monde de kickboxing. Elle vise à sensibiliser l'ensemble des hommes au silence et à la complicité qu'ils peuvent exercer face aux violences faites aux femmes.

Être témoin de harcèlement, être pote avec celui qui a violé une fille dans une soirée, être le fils d'un père violent, être dans un groupe qui siffle des femmes dans la rue, tout ça sans réagir, c'est cautionner les violences faites à l'égard des femmes.

Cédric Doumbé clôt la vidéo avec cette phrase d'ouverture à la réflexion que tout homme peut se poser : **« Et moi, quand je me cache derrière l'idée que les violences, ce sont les autres et que je n'ai rien à me reprocher, est-ce que là je suis un homme, un vrai ? ».**

En tant que femme ou personne sexisé.e, vous pouvez aussi choisir de transmettre votre savoir militant aux hommes dont vous êtes proche, à partir du moment où cela ne crée pas une charge mentale constante pour vous. J'entends par là que répéter régulièrement les raisons pour lesquelles les féministes militent est usant.

Ensemble, on est plus fort.e.s !

LA TEAM

Avant même de répondre aux maisons d'édition qui m'avaient contactées, je savais déjà que je voulais travailler avec mon amie Alexia, une illustratrice talentueuse avec qui je collabore régulièrement depuis 2014. Elle apporte, comme vous l'avez sûrement déjà remarqué en feuilletant ce livre, un univers particulier à cette thématique lourde. Il était important pour moi de rendre ce livre lisible par tous.tes et je savais qu'elle saurait relever le défi.

Puis, c'est naturellement que j'ai choisi de travailler avec la maison Leduc, parce que j'ai été touchée par ce que dégage Mathilde, l'éditrice en charge du projet. Douce, féministe engagée et très impliquée, j'ai très rapidement su que c'était la bonne cheffe de chantier pour cet ouvrage.

Je leur ai proposé de prendre possession des deux prochaines pages pour partager un témoignage, une illustration dans la thématique du livre. Voici leurs contributions.

MATHILDE

Fin de l'été, un samedi caniculaire, je rentre du supermarché chargée comme un mulet, vêtue d'une mini-jupe et d'un petit top. Un mec passe au volant de sa voiture et me balance : « Salope ! Qu'est-ce que t'es bonne ! ». Quel verbe ! Bien sûr, j'ai essayé de riposter, mais il n'est pas descendu de sa voiture. Il m'a laissée là, au milieu du trottoir, avec ma boîte d'œufs dans la main. Une énième insulte, une riposte avortée, une humiliation, un ras-le-bol.

Le harcèlement de rue est quotidien pour certain.e.s, anecdotique pour d'autres, mais il est là, omniprésent dans l'espace urbain. C'est lui qui engendre l'insécurité, la peur, mais aussi les stratagèmes que nous mettons tous.tes en place : opter pour un jogging ou pantalon en fonction de l'endroit où l'on se rend, ne pas attirer l'attention, simuler un appel téléphonique ou mettre ses écouteurs sans son lorsque l'on marche dans la rue... Ce livre, ce combat, ce n'est pas uniquement pour faire taire les sifflements, les insultes ou les dragueurs lourds... C'est pour reprendre notre place dans l'espace public, nous sentir en sécurité et retrouver notre liberté.

Lorsqu'Emanouela m'a exposé son projet, j'ai tout de suite voulu en être. Ce livre me parle, il fait écho à mon vécu, à l'histoire d'une amie, d'une collègue, d'une sœur... Il est comme un étendard à ma colère. Ce livre est d'utilité publique, il ose dénoncer, débanaliser. Il est une nouvelle arme pour lutter contre le harcèlement de rue.

J'espère que ce livre apportera des réponses, une aide, un soutien à toutes les victimes, mais aussi aux témoins qui, par peur, n'osent pas intervenir. J'espère aussi qu'il tombera entre les mains de certains agresseurs et qu'ils prendront conscience de la gravité de leurs comportements. J'espère que, tout comme le compte Instagram @disbonjoursalepute, il touchera les femmes, afin qu'elles se rendent compte qu'elles ne sont pas seules, mais aussi les hommes. Certes, ils sont montrés du doigt dans cet ouvrage, mais n'oublions pas que c'est ensemble que nous pourrons avancer.

Avec Emanouela et Alexia, nous avons fait ce livre, car « il est temps qu'on casse des portes » (Vin's, *#METOO*). **Témoignage de Mathilde, illustré par Alexia.**

COMMENT LIRE CE LIVRE ?

Apprendre à lire l'écriture inclusive

L'écriture inclusive a pour but, comme son nom l'indique, d'inclure toutes les personnes qui existent sur Terre sans les genrer.

Si vous n'avez jamais lu de texte en écriture inclusive, voici comment la comprendre :

- **iel** ou **ielles** permet de faire une contraction de il+elle et de ils+elles ;
- les suffixes de certains mots changent comme, par exemple **tous.tes** pour dire « tous et toutes » ;
- idem, pour inclure tous les genres lors de l'utilisation de mots comme **manifestant.e.s.**

Comprendre les termes utilisés

Afin de pouvoir vous aider dans votre lecture, vous trouverez un lexique à la fin de ce livre contenant les définitions de certains mots utilisés (ou pas) dans ce livre. Pour les repérer, c'est facile, les premières occurrences seront surlignées comme ça !

Au fil de votre lecture, vous apercevrez des bulles de texte qui sont une reproduction des témoignages postés sur le compte Instagram @disbonjoursalepute.

Se protéger avec les avertissements de contenu

Si vous êtes sur les réseaux sociaux, vous avez sûrement déjà vu passer l'intitulé **« Trigger Warning »**. C'est le même concept que les avertissements que l'on retrouve dans certains films, du type « Attention, ce contenu peut heurter la sensibilité des plus jeunes ».

« *Les* Trigger Warnings *sont des notes placées en début de document, afin d'avertir que le contenu d'un média peut déclencher des crises d'angoisses ou des flashbacks chez les personnes souffrant du syndrome post-traumatique.*

En effet, trigger warning *vient du terme médical* trauma trigger *(déclencheur de trauma). Les trauma triggers sont des stimuli qui vont rappeler, voire faire revivre le trauma à la personne concernée. Par définition, un trigger, ou déclencheur, n'affectera pas une personne qui n'a pas vécu un événement traumatique.* »[8]

Prendre son temps

La lecture de ce livre peut être difficile par moments. Si vous n'êtes pas prêt.e.s, rangez le livre et ressortez-le quand vous le serez. Je vous invite grandement à faire des pauses car certains témoignages sont difficiles à lire.

LE HARCÈLEMENT,

C'EST QUOI ?

LA PLACE DE LA FEMME...

DANS L'ESPACE PUBLIC

Sur environ **1 700 000** rues en France, seulement **4 %** portent un nom de femme[9]. Parmi toutes ces rues, presque **4 000** portent le nom du général de Gaulle[10].

Big up au collectif féministe « Nous Toutes » qui, dans la nuit du 7 au 8 mars 2019, a rebaptisé 1400 rues de Paris ! On y a retrouvé des intellectuelles, des artistes, mais également des victimes de féminicides.

Sur les **37** ponts parisiens, un seul porte un nom de femme.

Il y a seulement **4** femmes au Panthéon pour **73** hommes.

Entre 1870 et 2004, **24** statues de femmes ont été érigées, contre **325** statues d'hommes.[11]

DANS LES MÉDIAS

En 2015, **24 %** des personnes entendues, citées ou vues dans l'actualité sont des femmes.[12]

Kathryn Bigelow est **la seule femme** réalisatrice à avoir été récompensée au cours des 92 années de l'histoire des Oscars.[13]

Jane Campion est **la seule femme** réalisatrice à avoir remporté la plus haute récompense (la Palme d'Or) au cours des 72 années de l'histoire du Festival de Cannes (entre 1940 et 2010).[14]

DANS LA POLITIQUE

À l'heure actuelle, seulement **18,3 %** des maires sont des femmes.[15]

Seulement **24,9 %** des parlementaires dans le monde sont des femmes.[16]

Si toutes ces données vous intéressent, je vous recommande vivement les deux lectures suivantes :

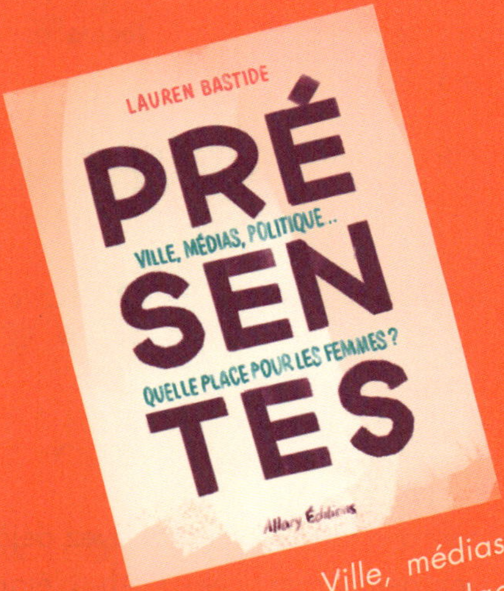

Présentes – Ville, médias, politique. Quelle place pour les femmes ?, par Lauren Bastide, éditions Allary.

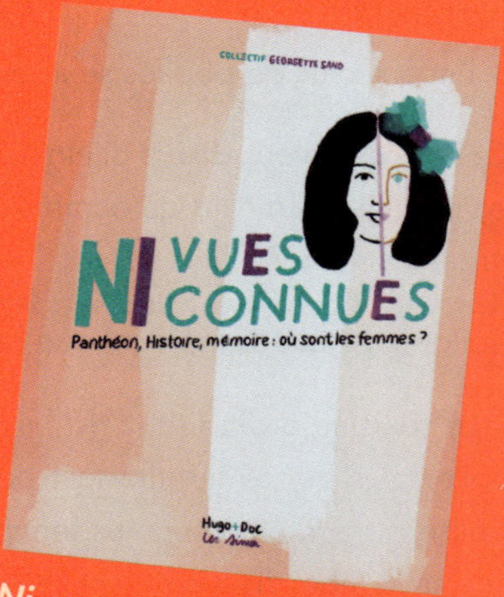

Ni vues ni connues – Panthéon, histoire, mémoire : où sont les femmes ?, par le collectif Georgette Sand, éditions Hugo Doc.

LE SEXISME ORDINAIRE

« T'AS TES RÈGLES OU QUOI ? »

« FAUT PAS T'ÉTONNER DE TE FAIRE SIFFLER SI TU SORS HABILLÉ.E COMME ÇA ! »

« FEMME AU VOLANT, MORT AU TOURNANT. »

« JE T'AI LAISSÉ GAGNER LA PARTIE PARCE QUE T'ES UNE NANA ET QUE JE SUIS GALANT. »

> Encore plus de pépites sexistes sur le compte **@punchlinettes**.

Ces phrases vous disent quelque chose ? En tant que femme, vous les avez déjà entendues ? En tant qu'homme, vous les avez déjà prononcées ? Ah, c'était juste pour rire ?

Voilà, c'est exactement ici que le sexisme ordinaire commence.

« Le sexisme ordinaire, c'est l'ensemble des stéréotypes et des représentations collectives qui se manifestent par des mots ou des actes qui excluent, marginalisent ou infériorisent les femmes. Le sexisme ordinaire est un constituant du sexisme, une discrimination basée sur le genre appuyée sur un rapport de pouvoir, sur l'histoire des inégalités et qui est renforcée par la société. On peut dire du sexisme qu'il est une oppression systémique, car l'exclusion ou l'infériorisation dont sont victimes les femmes est un cercle vicieux dans lequel s'accumulent toutes les discriminations qui le nourrissent : langue sexiste, inégalités salariales, hypersexualisation du corps, tabou menstruel, charge mentale, culture du viol, harcèlement de rue, stéréotypes de genre, taxe rose, féminicides (liste non exhaustive, malheureusement). »[17]

« Les gens qui s'amusent à critiquer et à rabaisser les autres sont générale-ment en conflit envers eux-mêmes. »[18]

Le sexisme ordinaire est aussi pratiqué par les femmes. On entend régulièrement des réflexions concernant notre humeur pendant nos règles, par exemple. Le fait qu'on en rigole, que ça soit normal, que personne ne relève ces réflexions a entraîné la banalisation.

Humilier ou rabaisser des personnes en fonction de leur genre ou de leur sexe n'est pas drôle. Continuer à pratiquer le sexisme ordinaire, c'est encourager la différence des genres. En tant que femme, que ressentez-vous quand on vous dit que « Femme au volant, mort au tournant ? ». En tant qu'homme, vous sentez-vous humain quand on vous dit « les hommes n'ont pas de cœur, c'est bien connu » ? Le sexisme ordinaire peut aller dans les deux sens et causer du tort à tout le monde. Alors, pensez-y la prochaine fois que vous aurez envie de faire une remarque humiliante et malveillante.

DIFFÉRENTES FORMES DE HARCÈLEMENT

Le harcèlement peut être présent sous différentes formes, dans différentes situations, mais il est la plupart du temps défini par le lieu de l'acte. Ainsi, les formes de harcèlement se retrouvent majoritairement dans la rue, à l'école, dans le milieu professionnel, au domicile conjugal ou encore, sur Internet.

Le harcèlement au sein du ménage

Je ne sais pas si ça compte, mais demain je vais enfin porter plainte contre mon ex pour harcèlement. Ça fait 5 ans que ça dure… J'avais peur des représailles et finalement je ne veux plus vivre dans la peur.

« Le fait de harceler son conjoint, son partenaire lié par un pacte civil de solidarité ou son concubin par des propos ou comportements répétés ayant pour objet ou pour effet une dégradation de ses conditions de vie se traduisant par une altération de sa santé physique ou mentale est puni de trois ans d'emprisonnement et de 45 000 € d'amende lorsque ces faits ont causé une incapacité totale de travail inférieure ou égale à huit jours ou n'ont entraîné aucune incapacité de travail et de cinq ans d'emprisonnement et de 75 000 € d'amende lorsqu'ils ont causé une incapacité totale de travail supérieure à huit jours ou ont été commis alors qu'un mineur était présent et y a assisté. Les mêmes peines sont encourues lorsque cette infraction est commise par un ancien conjoint, un ancien concubin de la victime ou un ancien partenaire lié à cette dernière par un pacte civil de solidarité. »[19]

LE SAVIEZ-VOUS ?

En 2019, 146 femmes ont été tuées par leur partenaire ou ex-partenaire, soit une femme tous les 2,5 jours.

41 % avaient subi des violences antérieures.

27 hommes ont été tués par leur (ex)-partenaire. Plus de la moitié des femmes autrices (11 sur 21, soit 52 %) avaient déjà été victimes de violence de la part de leur partenaire.

Les femmes représentent 84 % des victimes d'homicides au sein du couple.

213 000 femmes majeures déclarent avoir été victimes de violences physiques et/ou sexuelles par leur conjoint ou ex-conjoint sur une année.

88 % des victimes de violences commises par le partenaire enregistrées par les services de police et de gendarmerie sont des femmes.

94 000 femmes majeures déclarent avoir été victimes de viols et/ou de tentatives de viol sur une année. 9 victimes sur 10 connaissent l'agresseur.

25 enfants mineurs sont morts, victimes d'infanticides ou dans un contexte de violences conjugales.[20]

« Dans 91 % des cas, les viols sont commis par quelqu'un qu'on connaît. »[21]

Les violences au sein du couple sont particulièrement destructrices psychologiquement et physiquement, car elles interviennent dans un milieu ou une relation affective censés être sains et sécuritaires pour la victime. Ces violences sont exercées par un.e partenaire de vie ou un.e ex-compagnon.ne.

EXEMPLES DE HARCÈLEMENT CONJUGAL :

- **il/elle ne me laisse pas sortir avec mes ami.e.s ;**
- **il/elle me rabaisse à longueur de journée ;**
- **il/elle fait du chantage affectif ;**
- **il/elle me force à avoir des relations sexuelles, même si j'ai exprimé mon refus ;**
- **je ne me sens pas à l'aise/en sécurité lorsqu'il/elle passe le pas de la porte ;**
- **il/elle contrôle tous mes faits et gestes, vérifie chaque message que je reçois, a la main sur mes réseaux sociaux ;**
- **il/elle ne me donne pas accès à ma carte bancaire et l'utilise sans me demander mon avis ;**
- **il/elle poste des photos intimes de moi sans mon consentement.**

LE CYCLE DE LA VIOLENCE

Le cycle de la violence (voir page suivante) a été pensé afin d'expliquer pourquoi les victimes ont du mal à sortir du cercle vicieux des violences conjugales.

En orange, vous pouvez analyser la position de la victime. En rouge, vous comprenez le fonctionnement des agresseurs. Ce schéma permet de mettre en lumière le cercle vicieux auquel sont confrontées les victimes de violences conjugales. On constate l'emprise et la manipulation de leur (ex)-conjoint.e.

LE CYCLE DE LA VIOLENCE

TENSION
Excès colériques, silences lourds, intimidations, menaces, regards inquiétants…

ANXIÉTÉ
Sent que ça risque de mal tourner, inquiétude, peur, appréhension, tente de faire baisser la tension, impression de marcher sur des œufs…

RÉCONCILIATION
Cherche à se faire pardonner, demande l'aide, envisage une thérapie (de couple), menace de se suicider…

ESPOIR
Voit les efforts de l'autre, lui (re)donne une chance, change ses attitudes/habitudes, retrouve l'être aimé…

AGRESSION
Verbale, psychologique, physique, sexuelle, économique…

COLÈRE ET HONTE
Humiliation, tristesse, honte, détresse, colère, sentiment d'injustice…

JUSTIFICATION
Trouve des excuses, rejette la faute sur les éléments externes, nie sa responsabilité, minimise…

RESPONSABILISATION
Accepte les justifications, s'ajuste à l'autre, tente de l'aider, doute de ses perceptions/pensées, se sent responsable de la situation, la colère diminue…

LE VIOLENTOMÈTRE

Quand les femmes doivent-elles s'alarmer ?

Le violentomètre est un outil de prévention permettant de mesurer le dégré de violence dans un couple en se basant sur des situations concrètes du quotidien.

PROFITE Ta relation est saine quand il…	Respecte tes décisions et tes goûts
	Accepte tes ami.e.s et ta famille
	A confiance en toi
	Est content quand tu te sens épanouie
	S'assure de ton accord pour ce que vous faites ensemble
STOP **VIGILANCE, DIS STOP !** Il y a de la violence quand il…	T'ignore quand il est en colère
	Te fait du chantage si tu refuses de faire quelque chose
	Rabaisse tes opinions et tes projets
	Se moque de toi en public
	Te manipule
	Est jaloux en permanence
	Contrôle tes sorties, habits, maquillage
	Fouille tes textos, mails, applis
	Insiste pour que tu envoies des photos intimes
	T'isole de ta famille et de tes ami.e.s
PROTÈGE-TOI DEMANDE DE L'AIDE Tu es en danger quand il…	Te traite de folle quand tu lui fais des reproches
	« Pète les plombs » lorsque quelque chose lui déplaît
	Te pousse, te tire, te gifle, te secoue, te frappe
	Menace de se suicider à cause de toi
	Te touche les parties intimes sans ton consentement
	Menace de diffuser des photos intimes de toi
	T'oblige à regarder des films porno
	T'oblige à avoir des relations sexuelles

Ces comportements vont à l'encontre du respect de l'autre et sont punissables par la loi. Il s'agit là de violences qui peuvent être perçues sous différents aspects :

Violence verbale : insulte, dénigrement, cris.

Violence psychologique : chantage, menaces, séquestration, contrôle total du téléphone.

Violence physique : mimer un geste violent pour faire peur, gifles, claques, coup de pied, tirage de cheveux, crachat, etc.

Violences en ligne : partage de contenu digital intime, sluth shaming.

En novembre 2020, la mairie de Noisy-le-Sec a lancé une opération d'impression de violentomètres sur des emballages de pain, afin de sensibiliser un maximum de personnes aux violences conjugales. En février 2021, l'association NousToutes a repris l'idée et a lancé une vaste cagnotte en ligne pour récolter des fonds et faire imprimer 500 000 sacs à pain pour les boulangeries françaises.

#NousToutes a récemment lancé une opération de diffusion de sacs à pains avec un message de prévention des violences.

Inscris-toi ici : bit.ly/volontairebaguette

RÉAGIR

Si vous êtes victime, vous pouvez réagir. Commencez par en parler à un.e proche de confiance (famille, ami.e, collègue) qui pourra vous accompagner dans vos démarches.

Vous trouverez à la fin du livre une liste de contacts pour vous faire aider par des associations et/ou entreprendre de porter plainte.

Essayez également de garder un maximum de preuves telles que des SMS, des emails, des messages vocaux, des photos, etc. Si vous n'en avez pas (ou plus), ne vous découragez pas et faites-vous accompagner. Nous vous croyons.

Si vous êtes témoin ou avez connaissance qu'une personne de votre entourage subit du harcèlement, n'hésitez pas à lui proposer votre aide, à lui transmettre les contacts et éventuellement, à l'accompagner dans ses démarches.

Souvent, les victimes n'ont pas le courage de réagir, pensent qu'on ne les croira pas voire, font un déni de la situation.

Vous pouvez être l'élément déclencheur et sauver une vie – plusieurs même, dans le cas d'une famille.

DÉPOSER UNE PLAINTE OU UNE MAIN COURANTE ?

La plainte permettra de constituer une procédure judiciaire contre l'agresseur. La main courante est uniquement une déclaration enregistrée et conservée dans les services des forces de l'ordre. Ainsi, pour être sûr.e qu'il y aura une suite juridique, la première solution est préférable.

PORTER PLAINTE

Avant tout, il est nécessaire que la victime soit prête à déposer une plainte, le mieux étant de pouvoir loger ailleurs qu'au domicile conjugal pour éviter des violences supplémentaires. Si cela n'est pas possible, la victime peut demander à une personne de confiance de venir s'installer dans le domicile conjugal.

Le dépôt de plainte est une épreuve certes difficile, mais nécessaire pour constituer une procédure judiciaire.

Avant de porter plainte, en tant que victime ou témoin, si vous avez des doutes, vous pouvez vous référer au site Internet **www.arretonslesviolences.gouv** sur lequel vous pouvez tchatter avec les forces de l'ordre à n'importe quel moment de la journée, 7 jours sur 7.

Toutes les méthodes pour porter plainte sont référencées dans la page 95.

Les forces de l'ordre sont dans l'obligation de prendre votre plainte. Porter plainte est un droit en tant que citoyen.ne. Enregistrer la plainte est un devoir en tant que force de l'ordre.

DES CODES POUR SAUVER DES VIES

Plusieurs codes existent pour pouvoir alerter votre entourage sur votre situation :

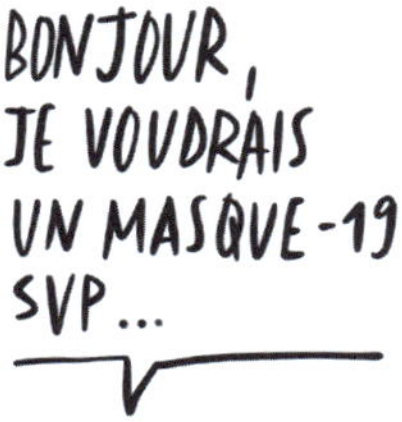

- Pendant le premier confinement, en mars 2020, les pharmacies ont été formées au **« masque 19 »**. Les victimes de violences peuvent se présenter au guichet d'une pharmacie en demandant ce masque. Cela alerte le personnel, qui peut appeler les forces de l'ordre.

- La **« Black Dot Campaign »**, connue également en France, consiste à se dessiner un point noir dans le creux de la main. Ainsi, en le montrant, la personne en face de soi comprend le danger et peut aider la victime.

Aux États-Unis par exemple, une jeune femme avait appelé le 911 (l'équivalent des forces de l'ordre en France) et prétexté commander une pizza dans le but d'alerter sur une situation de violence conjugale. Après quelques secondes d'incompréhension, la police a compris le message et a envoyé une patrouille au domicile de la victime. L'agresseur a été interpellé.[24]

Dans plusieurs bars/clubs d'Europe, si l'on est victime de violences ou de harcèlement, on peut demander de l'aide au bar en donnant un prénom de fille ou en commandant un certain cocktail. Ces informations sont souvent notées dans les toilettes des femmes afin qu'elles puissent être les seules à avoir le code. Ainsi, le personnel peut immédiatement réagir et aider la victime (voir à la page suivante).

HI I'M ANGELA,

ARE YOU ON A DATE THAT ISN'T WORKING OUT ?

IS YOUR TINDER OR POF DATE NOT WHO THEY SAID THEY WERE ON THEIR PROFILE ?

DO YOU FEEL LIKE YOU'RE NOT IN A SAFE SITUATION ?

DOES IT ALL FEEL A BIT WEIRD ?

IF YOU GO TO THE BAR AND *ASK FOR 'ANGELA'* THE BAR STAFF WILL KNOW YOU NEED SOME HELP GETTING OUT OF YOUR SITUATION AND WIL CALL YOU A TAXI OR HELP YOU OUT DISCREETLY -WITHOUT TOO MUCH FUSS

SOS FEMMES SOLIDARITÉ

En tant que strasbourgeoise, je suis engagée auprès de l'association SOS Femmes Solidarité 67. Lorsque j'organise des événements à Strasbourg, je leur fais don de vêtements pour les victimes dans le besoin. Ainsi, dans cette démarche, je me rappelle avoir eu l'occasion de visiter l'accueil de jour et d'avoir été reçue par Élise qui m'en avait expliqué le fonctionnement. J'avais été très émue par le lieu, l'histoire, les femmes que j'avais croisées, les enfants que j'y avais vu.e.s et la pièce remplie d'affaires pour aider les victimes en cas de départ dans l'urgence.

Retrouvez une liste d'associations qui répondent à ces mêmes besoins à la fin de ce livre.

« Rien ne justifie la violence »

Je voulais en profiter pour partager avec vous un échange que j'ai eu avec Thomas Foehrlé, directeur de SOS Femmes Solidarité 67.

E – Comment peut-on toucher les personnes victimes de violences conjugales qui ont peur de porter plainte ?

T – On ne peut pas prendre la décision à la place de la victime. Notre rôle n'est pas de faire la démarche à sa place, mais plutôt de lui expliquer ce qu'on fait et comment on peut la soutenir dans les décisions qu'elle prendra. En lui disant quoi faire, on l'infantilise.

Les femmes victimes de violences conjugales sont face à plusieurs dilemmes : accepter l'idée que l'on va envoyer en prison celui avec qui, dans certains cas, elles ont fait le choix de vivre, accepter que leurs enfants voient le papa partir avec la police et assumer son choix.

Nous faisons ce que j'appelle « la pédagogie de porte ouverte ». Nous écoutons les demandes des victimes et nous leur montrons tous les moyens que nous pouvons mettre à leur disposition (logement, aide juridique, etc.) dont elles pourront disposer le jour où elles prendront la décision de porter plainte ou de partir, par exemple.

E – On parle de syndrome de Stockholm dans des situations d'otages qui s'attachent à leurs bourreaux. Étant donné que ça peut s'apparenter à ce que vivent les femmes victimes de violences conjugales, sur une longue durée, comment peut-on les sensibiliser à ce phénomène psychique ?

T – C'est vrai qu'on retrouve des comportements s'apparentant au syndrome de Stockholm. Moi, je préfère parler du cycle de la violence (voir page 34). Dans des situations de violence, l'agresseur va souvent chercher à se justifier sur ses actes en parlant du stress du travail, de la Covid, de la fatigue, de son enfance, du fait que madame n'est pas ou ne fait pas ce qu'il faut, etc. Ensuite, il va demander pardon. La femme victime des violences va ainsi d'abord fortement incorporer le fait qu'elle est effectivement la cause des violences, puis préférer croire que leur auteur peut changer. Ainsi, les victimes culpabilisent et justifient la violence qu'elles subissent.

Nous travaillons sur le renversement de la culpabilité afin que les victimes comprennent qu'elles ne sont pas coupables de ce qu'elles vivent. Rien ne justifie la violence. Cette phrase doit figurer sur chaque page de votre livre !

E – Comment chercher de l'aide quand on est victime de violences conjugales ?

T – Le mieux est de permettre aux femmes d'agir pendant les moments où elles peuvent s'extraire du contrôle des conjoints violents. Il ne faut pas croire que les bourreaux sont tous des chômeurs qui sont constamment à la maison. L'auteur des violences peut partir au travail tous les matins et être un collègue exemplaire…

Il existe des solutions digitales comme les tchats en ligne, les numéros de téléphone comme le 3919[26]. Nous avons d'ailleurs observé une augmentation des appels pendant le premier confinement en 2020.

Et bien entendu, les portes des associations comme SOS Femmes Solidarité 67 sont ouvertes.

E – Est-ce que vous avez l'impression que tous les mouvements de dénonciation sur les réseaux sociaux ces dernières années ont permis de changer les choses ?

T – Vous savez, les gens pensent souvent que les victimes de violences conjugales sont majoritairement issues d'une catégorie socioprofessionnelle défavorisée ou d'une religion en particulier. Il se trouve que les violences conjugales sont partout. Au sein de toutes les religions. De toutes les catégories socioprofessionnelles. Dans les familles aisées, l'argent peut invisibiliser les violences en permettant des solutions qui ne nécessitent pas de faire appel à des associations (paiement en direct d'un autre logement, des frais d'avocat, etc.).

Pour en revenir à #metoo, pour les femmes victimes issues de milieux moins aisés, les réseaux sociaux ne sont pas compris et donc, utilisés comme outils de dénonciation ou d'exposition d'une problématique qu'elles jugent individuelle, personnelle, comme les violences conjugales qu'elles subissent. Elles ne sont pas forcément touchées par tous les mouvements comme #metoo, car elles n'ont pas cette sensibilité en matière de violences conjugales, le privé est politique. C'est une forme de militantisme auquel elles n'ont généralement pas eu accès. Nous essayons alors de les informer *via* des campagnes d'affichage, dans des centres socioculturels, des salles d'attente de médecins, dans les hôpitaux, *via* des sensibilisations scolaires ou encore, lors de formations avec tous les professionnels susceptibles de rencontre une femme victime de violences dans leur pratique.

E – Pouvez-vous nous dire comment ça se passe quand une victime se présente chez SFS67 ?

T – Avant tout, on la croit. Pour nous, c'est le plus important. Tout ce qu'elle nous dit est écouté et cru. Ensuite, nous respectons la temporalité de la victime. J'entends par là que nous sommes prêts à réagir dans l'urgence, mais nous laissons prioritairement la victime maîtresse du temps pour comprendre, puis s'extraire des violences. Si elle n'est pas prête, elle peut simplement passer la journée à l'association et solliciter, si elle en ressent le besoin, l'équipe présente sur place.

Enfin, si elle souhaite être prise en charge, nous l'accompagnons dans ses démarches.

Dans l'urgence, nous pouvons également fournir des affaires de première nécessité et lui permettre d'être mise à l'abri avec ses enfants afin qu'ils ne se retrouvent pas à la rue.

E – Avez-vous un message à faire passer ?

T – Continuons à considérer la violence conjugale comme faisant partie d'un *continuum* des violences faites aux femmes et non comme une erreur passagère. La domination masculine est un vrai fléau, nous devons continuer à lutter en profondeur.

CONTACTS UTILES POUR DÉNONCER LES VIOLENCES CONJUGALES :

- **17 :** police ;
- **112 :** numéro d'urgence européen ;
- **3919 :** Violences Femmes ;
- **114 :** numéro d'aide sous forme de SMS ;
- **0 800 05 95 95 :** Viols Femmes Informations ;
- **01 30 31 05 05 :** SOS mariage forcé ;
- **0 900 08 11 11 :** Planning familial ;
- **www.arretonslesviolences.gouv :** signaler des violences sexuelles et sexistes 24/24 h et 7/7 ¡ auprès des forces de l'ordre ;
- **Réseau France Victimes :** www.france-victimes.fr ;
- **Tchat anonyme 24/24 h avec la police :** www.service-public.fr/cmi ;
- **Tchat anonyme « En Avant Toutes » pour les femmes victimes de violences sexuelles et sexistes :** http://commentonsaime.fr.

Le harcèlement scolaire

> Au collège j'ai souvent eu des commentaires sur mon physique, l'un de mes camarades me harcelait régulièrement en commentant mes seins et mes fesses. Ça me mettait très mal à l'aise et personne ne disait rien ou pire, les autres riaient. Je l'ai très mal vécu et pendant toute ma scolarité j'ai fait attention à ma tenue vestimentaire. Le plus dramatique, c'est que je ne trouvais pas ça anormal à l'époque et que je me remettais en question, moi.

LE SAVIEZ-VOUS ?

1 élève sur 10 est victime de harcèlement à l'école.

Donc, dans la classe de votre enfant, potentiellement **2 à 3 enfants.**[27]

Environ **700 000 élèves** sont victimes de harcèlement scolaire.[28]

De toute évidence, je ne connais que très peu de personnes dans mon entourage qui n'ont jamais été touchées de près ou de loin par le harcèlement scolaire. Tantôt on est du côté des harceleurs, tantôt on est du côté de la victime.

Moi-même, je l'ai subi lorsque je suis arrivée dans mon petit village alsacien et que mes origines bulgares ont poussé un camarade de classe (9 ans à l'époque) à me dire : ***«Marine Le Pen va te faire retourner dans ton pays»***. Comme souvent, les enfants sont des éponges et enregistrent tout ce que les adultes disent autour d'eux. C'est la raison pour laquelle l'éducation contre le harcèlement (sous toutes ses formes) est primordiale dès le plus jeune âge.

Je suis en CM2. Un garçon plus grand, plus fort m'embrasse de force. Je me confie à mon enseignante qui me dit : « C'est de ta faute ». Comment semer la graine de la culpabilité dans la tête des petites filles. J'ai 45 ans et même encore maintenant, je la ressens.

JE VOUS CONSEILLE VIVEMENT TROIS LIVRES QUI VOUS SERONT D'UNE GRANDE UTILITÉ :

Tu seras un homme – féministe – mon fils, d'Aurélia Blanc, éditions Marabout.

Harcèlement, inventaire pour ne plus se taire, d'Emma Strack et Maria Frade, éditions La Martinière.

Le harcèlement expliqué aux enfants, Mon Quotidien, éditions PlayBac.

Le harcèlement scolaire se traduit le plus souvent par des moqueries basées sur le physique, l'origine, le domicile ou encore, la famille de l'élève. Toutefois, il arrive aussi très régulièrement que des enfants soient la cible d'attaques sans aucune raison apparente. Celles-ci peuvent être verbales, physiques ou psychologiques.

Comme vous pouvez le constater avec le témoignage de la page précédente, les enfants peuvent également subir du harcèlement moral et sexuel par le professorat. Il est du devoir de l'école de réagir et d'accompagner la victime.

> C'était quand j'étais en troisième.
> Ce jour-là, j'avais oublié mon sac de sport contenant mes affaires, à la maison.
> Par politesse, je le signale à mon prof avant de partir en direction de la salle.
> Sans gêne, devant toute la classe il a sorti à voix haute : « Tu feras du sport toute nue, dans ce cas ». Tous les élèves de ma classe se sont mis à rigoler.

Il arrive également que des professeur.e.s aient des comportements inappropriés, comme dans l'exemple ci-dessus. En tant qu'élève, si vous êtes victime ou témoin de ce genre de comportement, vous pouvez aller en parler à la direction de votre établissement. Vous pouvez demander à ce que votre rapport soit anonyme. La direction se doit de réagir, de sanctionner le.la professeur.e en question et d'accompagner la victime qui est très probablement traumatisée.

Il n'y a rien de drôle à dégrader quelqu'un, d'autant plus devant toute une classe. Cela laisse toujours des traces douloureuses et crée des traumatismes importants.

Les peines encourues pour les coupables de harcèlement scolaire varient en fonction de leur âge et de l'agression.

À l'ère des réseaux sociaux, le harcèlement scolaire peut également se passer sur Internet. On parle alors de cyberharcèlement. Si vous en êtes victime, référez-vous au chapitre suivant, « Le cyberharcèlement » (page 60).

> J'étais en cinquième, il y a donc 14 ans. Les garçons de ma classe avaient pour étrange habitude de jouer au jeu du « chat-bite ». Quand ils ont commencé à le faire à moi et une de mes copines, je leur ai tout de suite demandé d'arrêter. On m'a répondu que j'étais « chiante et pas drôle ». C'est la première fois qu'un garçon m'a touchée. Merci de nous lire.

Les enfants et les adolescent.e.s sont très doué.e.s pour cacher ce qui les tracasse. Souvent, ielles ont honte d'être harcelé.e.s à l'école et vivent ainsi un double traumatisme. Les signes qui doivent vous alerter : insomnies, angoisses, changement brutal de comportement, rejet total de l'école, émotions négatives perpétuelles, irritabilité, etc.

MON ENFANT EST VICTIME

La première chose à faire si votre enfant est victime de harcèlement, c'est d'en parler avec elle.lui, de la.le croire, de l'écouter et de le.la rassurer.

La deuxième chose à faire est d'aller en parler à un adulte de l'établissement afin d'alerter, de sanctionner et de mettre fin au harcèlement.

Enfin, vous pouvez contacter les numéros ci-contre pour vous faire accompagner dans votre démarche.

JE SUIS VICTIME

Si tu es victime de harcèlement scolaire, tu peux te faire aider. Avant tout, sache que tu n'es pas responsable de ce que tu subis. Il n'y a aucune honte à aller chercher du soutien. Tu peux en parler à tes parents, à tes frères et sœurs, à tes cousin.e.s, à tes ami.e.s. Tu peux également en parler au CPE, voire à la direction de l'école.

Le harcèlement scolaire est grave et doit être puni. C'est en agissant que tu peux changer les choses pour toi, mais aussi pour les autres.

Quelques chiffres clés[29] :

310 référents Harcèlement mobilisés dans les académies

77 742 sollicitations du **3020**

2 176 signalements aux référents académiques

649 236 visiteurs sur le site Non au harcèlement

6 280 ambassadeurs collégiens et 3 419 ambassadeurs lycéens

Il existe notamment des porte-paroles sur Internet qui peuvent accompagner la gestion du traumatisme et le futur épanouissement. EnjoyPhoenix en avait parlé sur ses réseaux sociaux et avait recueilli un grand nombre de messages de soutien. JeremStar a de son côté écrit un livre pour partager son histoire et créé la plateforme en ligne www.harcelement.online pour accompagner les victimes.

CONTACTS UTILES EN CAS DE HARCÈLEMENT SCOLAIRE :

- **prévenir la** direction **de l'établissement scolaire ;**
- appeler le service d'accueil des victimes « Non au harcèlement » **au 3020 ;**
- **appeler le service d'accueil des victimes de harcèlement en ligne** Net écoute **au 0800 200000 ;**
- **contacter une association du réseau d'aide aux victimes de violence scolaire** France Victimes ;
- **enfin, la victime et les parents peuvent aussi saisir la** Direction académique des services de l'éducation nationale (Dasen), **notamment pour demander un changement d'établissement. Toutes les coordonnées sur** www.education.gouv.fr.

Le harcèlement moral et sexuel dans le milieu professionnel

Hello :) En tombant sur votre page je viens de comprendre ce que j'ai vécu il y'a 8 mois sur mon ancien lieu de travail.
Un collègue à moi avait toujours la même blague, qu'il répétait plusieurs fois par jour « Tu me suces ? ». Et si je répondais que ça ne me faisait pas rire, alors c'était moi qui étais pas fun, qui ne comprenais pas son « humour » à contre-courant, trop agressive, ou pas assez intégrée !
Voilà voilà, merci j'ai mis des mots là-dessus, car à cette époque je ne comprenais pas bien d'où venait mon mal-être.
À force de me répéter que c'était moi qui étais pas fun je le croyais et me disais juste qu'on avait pas le même humour !

« Le fait de harceler autrui par des propos ou comportements répétés ayant pour objet ou pour effet une dégradation des conditions de travail susceptibles de porter atteinte à ses droits et à sa dignité, d'altérer sa santé physique ou mentale ou de compromettre son avenir professionnel, est puni de deux ans d'emprisonnement et de 30 000 € d'amende. »[30]

LE SAVIEZ-VOUS ?

30 % des salarié.e.s français.es déclarent avoir déjà subi du harcèlement moral au travail.

37 % des salarié.e.s français.es ont déjà été témoins de harcèlement moral d'un.e collègue.

22 % des salarié.e.s interrogé.e.s se sont vu.e.s confier de façon répétée des tâches et des missions ingrates ou moins intéressantes.

12 % des salarié.e.s sondé.e.s ont fait l'objet de brimades répétées de la part de leur supérieur.e hiérarchique, dans l'idée de les faire démissionner sans indemnités ou de les faire changer de service.[31]

40 % des salarié.e.s estiment leur charge de travail excessive. 44 % reçoivent des ordres contradictoires et 8 % travaillent toujours sous pression.[32]

Souvent, on n'y prête pas attention, on se dit que « c'est pour rire », qu'on n'a pas d'humour, qu'on ne veut pas froisser son/sa responsable, qu'il vaut mieux ne pas réagir pour garder son emploi. Il arrive également que les employé.e.s soient sous l'emprise de leur harceleur. Victimes de manipulation, iels croient à de fausses amitiés face à des pervers narcissiques. Iels pensent donc que c'est normal et qu'iels font sûrement une montagne de rien.

Le harcèlement moral dans le milieu professionnel est un fléau bien plus répandu que ce que l'on croit. Il est déguisé sous différentes formes, telles que :

- les remarques dégradantes ayant pour but d'humilier ou de dévaloriser un.e employé.e ;
- le chantage dans le but d'obtenir des faveurs (des heures supplémentaires, par exemple) ;
- les avertissements infondés ;
- un comportement agressif et injustifié ;
- les emails, appels, messages envoyés en dehors des heures de travail ;
- la « mise au placard » ou le fait d'infliger au/à la salarié.e un lieu de travail indécent pour le/la punir ;
- confier un travail dépassant les compétences du/de la salarié.e et/ou qui pourrait mettre sa santé en péril ;
- dégradation des conditions de travail.

Le harcèlement dans le milieu professionnel peut tout autant toucher les femmes que les hommes. Il peut être initié par n'importe qui, pas uniquement des supérieur.e.s hiérarchiques. Il s'agit d'agissements répétés sur des périodes courtes ou longues.

On peut également être victime de harcèlement sexuel dans le milieu professionnel :

Je suis prof. Il y a deux ans, un collègue me faisait toujours des remarques. Quand j'étais en jupe, il me disait : « Ah, t'as fait tomber quelque chose derrière toi ». Il voulait que je me retourne et me baisse. Il trouvait ça drôle. À force, ça m'a soûlée. Je lui ai demandé d'arrêter de nombreuses fois. Un jour, n'en pouvant plus, après une énième remarque en salle des profs, je me suis dirigée vers lui, je lui ai mis un coup de boule, j'ai pris mon café et je suis partie.

Le harcèlement sexuel dans le milieu professionnel peut se traduire par des remarques sur le physique de l'employé.e, du chantage sexuel, des messages à caractère sexuel ou encore, des attouchements.

Les deux formes de harcèlement sont sévèrement punies par la loi. Les peines peuvent être alourdies s'il y a abus d'autorité ou si la victime est vulnérable (situation de handicap, actes commis en groupe), jusqu'à 3 ans de prison et 45 000 euros d'amende.

En 2020, les comptes Instagram @balancetonagency et @balancetastartup ont permis de dénoncer les agences de communication et start-up coupables de harcèlement envers leurs employé.e.s.

Aux États-Unis, l'application #NotMe permet aux employé.e.s (victime ou témoin) de signaler rapidement et en toute sécurité le racisme, le harcèlement, la discrimination. L'app permet également aux entreprises d'accéder aux informations et de réagir pour créer une atmosphère responsable et sûre pour tous.tes.

Les conséquences du harcèlement au travail

Comme tout harcèlement, celui dans le milieu du travail impacte les victimes de façon permanente et quotidienne. Ielles ont souvent peur de perdre leur travail, peur qu'on salisse leur nom dans leur domaine professionnel, peur d'être menacé.e.s par la hiérarchie.

La plupart du temps, on parle de burn out. Les employé.e.s vont au travail la boule à la gorge. Ielles manquent de confiance en soi. Souvent, cela peut aboutir à des addictions à diverses drogues (comme l'alcoolémie par exemple) pour oublier sa journée une fois rentré.e à la maison.

« Le fait de harceler autrui par des propos ou comportements répétés ayant pour objet ou pour effet une dégradation des conditions de travail susceptible de porter atteinte à ses droits et à sa dignité, d'altérer sa santé physique ou mentale ou de compromettre son avenir professionnel, est puni de deux ans d'emprisonnement et de 30 000 euros d'amende.»[33]

Comment réagir en cas de harcèlement moral ou sexuel dans mon travail ?

VERS QUI SE TOURNER :

Surtout, ne restez pas seul.e. Parlez-en à vos proches, vos collègues. Vous n'avez pas à avoir honte.

La première chose que vous pouvez faire est de vous rendre à la médecine du travail. Vous pourrez parler de ce dont vous êtes victime et obtenir un document qui vous aidera dans vos démarches.

Vous pouvez également faire appel à des avocat.e.s spécialisé.e.s dans les affaires. Très souvent, le premier rendez-vous est gratuit.

Lors de ce premier rendez-vous, pensez à apporter toutes les preuves que vous avez pour que l'avocat.e puisse se faire une idée plus précise des possibilités qui s'offrent à vous.

Vous pouvez aussi vous tourner vers votre employeur.se pour lui exposer les faits et également, vous adresser à un.e représentant.e du personnel ou au comité social et économique (CSE). Ainsi, l'employeur.se sera alerté.e de la démarche.

Rappelez-vous que vous n'êtes probablement pas seul.e. à souffrir dans cette entreprise.

GARDEZ UN MAXIMUM DE PREUVES :

- suscitez l'écrit : si vous êtes victimes de harcèlement à l'oral, n'hésitez pas à *slacker* un.e témoin autour de vous « tu as entendu comment iel m'a parlé ? » pour avoir des preuves écrites ;
- gardez les emails, les échanges sur le tchat interne, les SMS, les courriers, les notes, etc ;
- gardez vos certificats médicaux et rapports de passage à la médecine du travail ;
- entourez-vous de professionnel.les (du domaine juridique ou médical), mais également de vos proches (le soutien moral est primordial) ;
- ne signez aucun « compromis » ou « clause de confidentialité » avant d'en avoir parlé à un.e avocat.e ;
- attention : les enregistrements audio et vidéo doivent être conservés, mais s'ils sont réalisés à l'insu du harceleur, ils ne seront pas recevables devant le conseil de prud'hommes.

CONTACTS UTILES POUR DÉNONCER LE HARCÈLEMENT MORAL ET/OU SEXUEL AU TRAVAIL :

– France Victimes : **de 9 h à 19 h 7/7 jours au 116006 ;**
– Défenseur des droits : **du lundi au vendredi, de 8 h à 20 h au 09 69 39 00 00 ;**
– AVFT (Violences Faites aux Femmes au Travail) : **01 45 84 24 24 ;**
– Médecine du travail **(chaque ville dispose de son propre numéro de téléphone) ;**
– Conseil de prud'hommes ou tribunal administratif **pour demander réparation du préjudice subi à l'entreprise en général ;**
– Juge pénal **pour poursuivre directement l'auteur.rice des faits.**

AH, T'AS MIS UNE JUPE POUR ESPÉRER
AVOIR UNE PROMOTION ?

TU METS UN DÉCOLLETÉ POUR
UN RENDEZ-VOUS CLIENT ?

T'ES PASSÉ.E SOUS LE BUREAU
POUR AVOIR CE POSTE ?

Le cyberhacèlement

Le fait de harceler une personne par des propos ou comportements répétés ayant pour objet ou pour effet une dégradation de ses conditions de vie se traduisant par une altération de sa santé physique ou mentale est puni d'un an d'emprisonnement et de **15 000 €** d'amende lorsque ces faits ont causé une incapacité totale de travail inférieure ou égale à huit jours ou n'ont entraîné aucune incapacité de travail.

L'infraction est également constituée :

a) lorsque ces propos ou comportements sont imposés à une même victime par plusieurs personnes, de manière concertée ou à l'instigation de l'une d'elles, alors même que chacune de ces personnes n'a pas agi de façon répétée ;

b) lorsque ces propos ou comportements sont imposés à une même victime, successivement, par plusieurs personnes qui, même en l'absence de concertation, savent que ces propos ou comportements caractérisent une répétition.

Les faits mentionnés aux premier à quatrième alinéas sont punis de deux ans d'emprisonnement et de **30 000 €** d'amende lorsqu'ils ont été commis par l'utilisation d'un service de communication au public en ligne ou par le biais d'un support numérique ou électronique.[34]

LE SAVIEZ-VOUS ?

Près de la moitié des victimes de cyberharcèlement connaissent leur agresseur. Dans 1 cas sur 4, c'est même un.e proche, ami.e, ou membre de la famille.

57 % des adolescent.e.s déclarent avoir été victimes de cyberharcèlement.

18 % des Français.e.s ont déjà été attaqué.e.s sur leur apparence physique sur Internet, **18 %** sur leur orientation sexuelle, **11 %** sur leurs opinions politiques, **11 %** sur leurs relations amoureuses et **10 %** sur leur religion.

87 % des répondant.e.s ont déclaré avoir ressenti de la peine après avoir subi une interaction négative sur Internet.

52 % des personnes interrogées ont peur de se faire harceler une nouvelle fois.

Les femmes se sentent moins en sécurité sur Internet que les hommes, puisque **79 %** d'entre elles considèrent que le cyberharcèlement est un problème grave contre **66 %** des hommes.

Les intrusions ou contacts non désirés restent le risque le plus courant **(40 %)**. Viennent ensuite les escroqueries et canulars **(26 %)**, les micro-agressions **(25 %)** et le *sexting* non désiré, reçu ou envoyé **(17 %)**.[35]

Le cyberharcèlement (harcèlement sur Internet) consiste à tenir des propos ou avoir des comportements inappropriés envers une personne tierce sur Internet (réseaux sociaux, téléphones portables, forums, tchats, jeux en ligne, mails, blogs, etc.).

La plupart du temps, ce phénomène naît dans les enceintes scolaires et s'attaque aux étudiant.e.s. Il s'agit là de groupes d'élèves ligué.e.s contre un.e ou plusieurs autres dans le but d'intimider, d'humilier, de lancer des rumeurs, d'usurper l'identité ou encore, de publier des photos inappropriées.

Les sources d'incivilités sur Internet [36]

Aujourd'hui, les influenceur.se.s sont elleux aussi de plus en plus victimes de cyberharcèlement, comme Juliette Katz (créatrice du compte @coucoulesgirls) qui, épuisée par tant de violence, a lancé le compte @coucoulescons pour dénoncer les atrocités qu'elle reçoit au quotidien. Marion Seclin a également été victime de cyberharcèlement et a fait face à 40 000 commentaires haineux en l'espace d'une année.[37]

Le cyberharcèlement peut toucher tout le monde. Pas besoin d'être une star des réseaux sociaux. En parallèle, nous pouvons tous être auteur.rice.s de commentaires blessants, soyons bienveillant.e.s les un.e.s envers les autres.

Dick pics : les photos non sollicitées

Bonsoir, ce que je vais raconter s'est produit il y a 5 minutes même pas, j'ai reçu une Dick pic (que je ne souhaitais pas recevoir, ce que me suis empressée de préciser à son auteur), il a commencé a me demander si elle était horrible, ce à quoi j'ai rétorqué que c'était de l'exhibitionnisme (en plus d'être du harcèlement) et qu'il pouvait encourir jusqu'à un an de prison et 15 000 € d'amende (selon les articles 222-22 à 122-33 du Code pénal), ça l'a plutôt bien calmé et j'espère que ce message pourra aider d'autres personnes rencontrant ce genre de harcèlement et désagrément.

42 % des femmes ont déjà reçu une photo d'organe sexuel sans l'avoir demandé.[38]

Les dick pics envoyées sans consentement représentent une atteinte à la liberté et un cyberharcèlement sexuel.

« L'envoi de dick pic n'est pas différent de l'exhibitionnisme – article 232-22 de votre Code pénal favori et donc, est passible d'un an d'emprisonnement, 15 000 euros d'amende (à nuancer selon que vous tombez dans le harcèlement ou que la personne receveuse est mineure). La loi ne fait pas de différence entre l'exhibitionnisme public ou privé, tant que vous vous rendez visible de l'extérieur. »[39]

Revenge porn

Pendant le confinement, nous avons été témoins d'une explosion des comptes *fisha* (argot pour remplacer « afficher ») et du revenge porn.

Il s'agit de publications de photos intimes d'une autre personne sans son autorisation sur les réseaux sociaux. De nombreuses victimes ont vu leurs photos postées sans leur consentement et sans la possibilité d'agir.

Je vous invite vivement à lire ***Quartier Libre*, de Vincent Lahouze**, qui traite du harcèlement et du cyberharcèlement. Le sujet est fort et met en relief le danger des réseaux sociaux dans la vie des adolescent.e.s.

En parallèle, je vous conseille également de regarder la série ***13 Reasons Why*** dont le personnage principal est une adolescente qui met fin à ses jours et explique les raisons qui l'ont poussée à en arriver là *via* des cassettes audio.

PROTÉGEZ-VOUS

– changez vos mots de passe ;

– mettez tous vos profils en privé pour ne plus être visible ;

– supprimez les abonné.e.s qui vous nuisent ;

– stoppez vos notifications pour ne pas être sous pression.

RÉAGISSEZ LE PLUS VITE POSSIBLE

– faites des captures d'écran ;
– parlez-en à des personnes de confiance (parents, ami.e.s, professeur.e.s, personnel éducatif, etc.) ;
– n'hésitez pas à demander de l'aide psychologique ;
– signalez systématiquement le contenu indésirable sur le réseau social en question ;
– signalez les comptes des harceleur.se.s.

CONTACTS UTILES POUR LES VICTIMES DE CYBERHARCÈLEMENT :

– numéro vert Net Écoute **0800 200000 de 9 h à 19 h/educnat@netecoute.fr ;**
– association « Stop Fisha » **– jenesuispasseule@protonmail.com ;**
– plateforme Pharos **mise en place par le gouvernement pour signaler le contenu ;**
– SOS Homophobie : **tchat en ligne https://www.sos-homophobie.org/chat ;**
– plateforme permettant de faire des captures d'écran horodatées : **www.easyconstat.com/constat.**

Un tableau recensant toutes les informations relatives au cyberharcèlement est à retrouver sur le site Internet du Centre Hubertine Auclert.

Le harcèlement sexuel dans l'espace public

Il y a quelques années, j'avais 22 ans à l'époque, j'attendais mon bus en pleine journée. Un type en voiture s'arrête et me dit : « Mademoiselle t'es bien jolie toi ! ». Je ne réponds pas, une voiture est derrière lui, il part. Il fait un tour et revient me parler, plus insistant. Là, il me dit : « Maintenant, tu vas monter dans ma bagnole sale pute ». Je lui ai répondu que s'il continuait, j'irais voir les flics qui se trouvaient juste à côté. Ce à quoi il m'a répondu : « Salope je vais te défoncer ta chatte ». J'ai couru vers les flics, alors il est parti en m'insultant. C'était une fois parmi d'autres.

LE SAVIEZ-VOUS ?

100 % des femmes françaises ont été victimes de harcèlement sexiste et/ou sexuel dans les transports en commun franciliens.[40]

81 % des femmes en France ont déjà été victimes de harcèlement sexuel dans les lieux publics.[41]

26 % d'entre elles y ont été confrontées dans les 12 derniers mois.

41 % des Françaises ont déjà fait l'objet d'un contact sexuel imposé comme du frottage, du pelotage ou encore, de pénétration dans un lieu public.[42]

Plus de **25 %** des femmes ont déjà renoncé à sortir de chez elles.[43]

En Île-de-France, **32 %** des femmes déclarent avoir peur d'être seules dans leur quartier le soir et environ **5 %** d'entre elles déclarent avoir trop peur pour sortir.[44]

Nous avons tendance à parler de harcèlement de rue ; or, il est nécessaire d'élargir la problématique à l'ensemble de l'espace public (la rue, les transports en commun ou les espaces de passages publics).

Le harcèlement sexiste et sexuel dans l'espace public se caractérise par des outrages sexistes et des agressions sexuelles. On parle de harcèlement, car il s'agit d'actions répétées que les victimes subissent à longueur de journée par différentes personnes : les sifflements, les bruitages d'animaux, les interpellations, les regards appuyés, les insultes, le fait d'être suivi.e, voire agressé.e. Ces agissements se produisent plusieurs fois dans la journée et ce, sans le consentement des victimes.

Aujourd'hui je mange au restau. Pour aller payer je mets mon masque. Le serveur qui m'encaisse (qui ne porte même pas de masque, mais passons) me dit : « C'était pas la peine de remettre le masque ».
Ayant la flemme de justifier que je le fais pour ma santé, je lui dis : « Ça sert à cacher les moches, ça m'arrange ».
Je pensais clore la discussion, mais il me relance : « Ah, bah vu votre physique, vaut mieux le porter alors, parce que vu comment vous êtes belle, vous devez vous faire harceler… et c'est un compliment ».
… Se faire harceler est donc un compliment. #CanIKillHimPlease ?

L'impact de ce harcèlement sexiste et sexuel sur les femmes et les personnes sexisé.e.s est indiscutablement pesant et traumatisant : perte de la liberté de se déplacer en sécurité, perte de la confiance en soi, peur d'être seul.e dans la rue, hypersensibilité.

Dans les témoignages que je reçois, les victimes m'expliquent qu'ielles doivent quotidiennement user de stratagèmes (chercher un nouvel itinéraire, faire semblant de passer un coup de fil, etc.) afin d'arriver à leur destination en sécurité.

La société patriarcale et le harcèlement dans l'espace public passent aux femmes et aux personnes sexisé.e.s le message qu'ielles sont inférieur.e.s et par conséquent, pas légitimes à occuper l'espace.

L'OUTRAGE SEXISTE

En déposant mon fils à la crèche,
je m'arrête faire le plein avant d'aller
m'entraîner (je suis en legging baskets).
À côté, un homme qui se servait déjà en
essence, marmonne : « Trop bonne,
trop bonne, tu veux pomper mon jus ».
Je me retourne et lui dis : « Je vais te gicler
avec du SP98 dans la bouche gros bâtard ».
Il ouvre sa portière, me traite de « salope »
et monte dans sa voiture.
Foutez-nous la paix, merde.

L'outrage sexiste[45] consiste à s'adresser à une autre personne en tenant des propos à connotation sexiste ou sexuelle. Afin de lutter contre ce fléau, Marlène Schiappa[46] a instauré en août 2018 une pénalisation de l'outrage sexiste dans l'espace public allant de 90 euros à 1 500 euros lorsque la peine est aggravée.

« Constitue un outrage sexiste le fait, hors les cas prévus aux articles 222-13, 222-32, 222-33 et 222-33-2-2, d'imposer à une personne tout propos ou comportement à connotation sexuelle ou sexiste qui soit porte atteinte à sa dignité en raison de son caractère dégradant ou humiliant, soit créé à son encontre une situation intimidante, hostile ou offensante. »[47]

Dès lors qu'il y a un contact physique avec la victime, il s'agit d'une agression sexuelle. Cette infraction est beaucoup plus sévèrement punie par la loi.

→ Retrouvez page 101 « Le harcèlement de rue : l'outrage sexiste » des exemples d'outrage sexiste et des conseils pour vous protéger.

Des centaines d'amendes pour outrage sexiste ont été distribuées depuis la promulgation du texte.[48]

Il est indispensable de préciser (même si cela tombe sous le sens) que l'injure sexiste, par exemple **insulter** une femme car c'est une femme, est punissable par la loi de six mois d'emprisonnement et 22 500 euros d'amende.[49]

L'AGRESSION SEXUELLE

J'avais 19/20 ans, j'allais à Nice à pied à mon BTS. En passant devant la fac de droit à 9 h du matin, je sens une main « m'attraper » les fesses. Le temps que je me retourne, l'homme avec une veste de moto et un casque de moto sur la tête se retourne et part tranquillement en marchant !
J'ai toujours pensé que face à cette situation, je pourrais me défendre. Alors que quand ça m'est arrivé, j'ai juste eu le temps de lui crier dessus au loin et j'ai pleuré... choquée.

L'agression sexuelle est un acte d'ordre sexuel, sans pénétration, qui implique un contact physique exercé par violence, contrainte, menace ou surprise.

« Constitue également une agression sexuelle le fait de contraindre une personne par la violence, la menace ou la surprise à subir une atteinte sexuelle de la part d'un tiers.

Ces faits sont punis des peines prévues aux articles 222-23 à 222-30 selon la nature de l'atteinte subie et selon les circonstances mentionnées à ces mêmes articles. »[50]

Quelques exemples d'agressions sexuelles qui reviennent régulièrement dans les témoignages que je reçois :

– l'agresseur touche, même au travers des vêtements, une partie intime : vos fesses, votre sexe, votre poitrine, votre bouche ;
– l'agresseur se masturbe à côté ou en face de vous ;
– l'agresseur éjacule sur vous ;
– l'agresseur passe sa main sur votre cuisse dans un transport en commun ;
– l'agresseur vous crache dessus.

« Tout comme l'outrage sexiste, l'agression sexuelle est sévèrement punie par la loi. Les agressions sexuelles autres que le viol sont punies de cinq ans d'emprisonnement et de 75 000 euros d'amende. »[51]

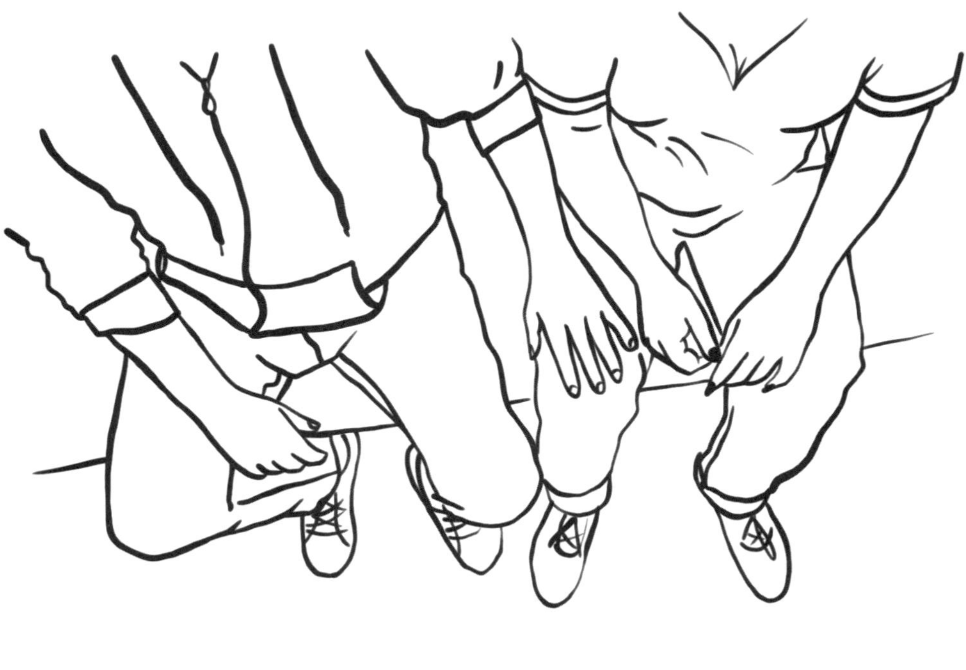

Le viol

TRIGGER WARNING

C'était il y a deux ans, j'avais tout juste 20 ans et on était en plein mois de juillet. Je suis dans le métro 13 avec mon copain de l'époque. Comme d'habitude, la rame est bondée. À peine entrée dans le wagon, je sens une main qui me touche à l'entrejambe ; je me dis que ce n'est pas intentionnel. En plus, il fait chaud et j'ai mis une jupe courte et légère. Mais plus les minutes passent, plus je me rends compte que quelqu'un me touche à cet endroit et aux fesses, depuis que je suis là. Je suis dégoûtée, mais aussi pétrifiée. Je vois le visage de l'homme qui me touche. J'ai honte, je n'aurais pas dû mettre cette jupe dans le métro… Au bout de longues minutes, avec toute l'adrénaline que je peux avoir, je me mets à crier : « Vous pouvez arrêter de me toucher les fesses, s'il vous plaît ? ». Gros blanc dans le métro. Mon mec ne dit rien. Je me sens très seule. L'homme descend au prochain arrêt et je me mets à pleurer.

Dans les transports en commun, par exemple, les femmes sont régulièrement victimes de ce qu'on appelle dans le langage courant les « frotteurs ». Il s'agit **d'agresseurs sexuels.** Il arrive qu'ils aillent plus loin que le frottement en introduisant leurs doigts dans les parties intimes de leurs victimes. Dans ce cas, il s'agit d'un viol.

« Tout acte de pénétration sexuelle, de quelque nature qu'il soit, commis sur la personne d'autrui ou sur la personne de l'auteur.rice par violence, contrainte, menace ou surprise est un viol. Le viol est puni de quinze ans de réclusion criminelle. »[52]

LA MÉCONNAISSANCE DE LA DÉFINITION LÉGALE DU VIOL

1 FRANÇAIS.E SUR 4 CONSIDÈRE QUE FORCER UNE PERSONNE À FAIRE UNE FELLATION N'EST PAS UN VIOL, MAIS UNE AGRESSION SEXUELLE

FAUX

24%

1 FRANÇAIS.E SUR 4 CONSIDÈRE QUE RÉALISER UN ACTE DE PÉNÉTRATION AVEC LE DOIGT SUR UNE PERSONNE QUI LE REFUSE N'EST PAS UN VIOL

FAUX

24%

PLUS D'UN.E FRANÇAIS.E SUR 5 ESTIME QU'IL N'Y A PAS DE VIOL LORSQUE LA PERSONNE CÈDE QUAND ON LA FORCE

FAUX

21%

17% DES FRANÇAIS.E.S ESTIMENT QUE FORCER SON.SA CONJOINT.E À AVOIR UN RAPPORT SEXUEL ALORS QU'IEL LE REFUSE N'EST PAS UN VIOL

FAUX

17%

Source : Enquête « Les Français-e-s et les représentations sur le viol », Mémoire Traumatique et Victimologie — Ipsos, décembre 2015.

CONTACTS UTILES POUR LUTTER CONTRE LE HARCÈLEMENT DANS L'ESPACE PUBLIC :

- **3919 :** Violences Femmes Info ;
- **114 :** numéro d'urgence pour personnes sourdes ou malentendantes ;
- **17 :** police ;
- **112 :** numéro d'urgence européen ;
- **3117 :** numéro d'urgence dans les transports en commun ;
- **0800 05 95 95 :** SOS Viols ;
- **01 40 47 06 06 :** Écoute Violences Femmes Handicapées.

Ces numéros d'urgence sont gratuits et peuvent être composés à partir d'un téléphone fixe ou portable, même bloqué ou sans crédit.

LES APPLICATIONS UTILES :

- **Alerte 3117** (réseau Transilien) : après avoir renseigné plusieurs infos et activé sa géolocalisation, le gros bouton rouge permet d'être localisé.e et d'être mis.e en relation avec un.e opérateur.rice (option SMS possible aussi) ;
- **App'Elles :** pour donner l'alerte à ses proches, prévenir les secours et être mis.e en relation avec une centrale d'écoute aux victimes ;
- **Mon Chaperon :** accompagnement piéton d'un point A à un point B ;
- **Safety :** on rentre son numéro et on choisit un contact de son répertoire qui va nous suivre sur tout le trajet ;
- **Handsaway :** appli à destination des victimes, mais aussi des témoins pour dénoncer un harcèlement dans l'espace public ;
- **The sorority :** entraide et partage entre toutes les femmes et les personnes issues des minorités de genre.

DBSP lancera également son application cette année dans le but de venir en aide aux victimes de harcèlement sexiste et sexuel. Toutes les informations et actualités sont disponibles sur www.dbsp.fr.

AI-JE DÉJÀ EU UN COMPORTEMENT DE HARCELEUR.SE OU D'AGRESSEUR ?

- **Je me balade dans la rue, je flashe sur cette femme. Elle a une démarche assurée, j'aime son style, je la vois sourire au téléphone. Je décide de la suivre pour essayer de trouver un moment pour l'aborder.**

❏ *C'est mignon, iel est timide.*

❏ *C'est du harcèlement.*

C'est du harcèlement.

Et puis, entre nous, c'est pas trop bizarre de suivre quelqu'un dans la rue ? Imaginez-vous que ça vous arrive. Vous vous sentiriez en sécurité ?

- **Je me balade (encore) dans la rue et j'ai un coup de cœur pour quelqu'un. J'ai envie d'aller lui parler. Allez, je me lance. Iel est froid.e, répond brièvement et évite mon regard. Son langage corporel me fait comprendre qu'iel n'est pas intéressé.e. Je continue quand même, *challenge accepted* !**

❏ *C'est de la drague.*

❏ *C'est du harcèlement.*

C'est du harcèlement.

À partir du moment où vous voyez que la personne ne souhaite pas entrer en contact avec vous, c'est du harcèlement. Le mieux est de travailler son ego surdimensionné et de laisser la personne tranquille.

- **Je suis sur une application de rencontres, je viens de matcher avec mon crush du jour ! Ni une ni deux, j'engage la conversation. Histoire de faire monter la température, j'envoie une photo de ma partie intime.**

❏ *C'est une technique courante, faut pas en faire tout un plat, next. Iel doit être frustré.e, c'est tout.*

❏ *C'est du harcèlement.*

C'est de l'exhibition et du harcèlement.

Vous pensez vraiment que c'est un atout séduction ? Saviez-vous que la taille ne garantit pas le résultat ? Par ailleurs, l'amende est de 750 euros, montant doublé si la victime est mineure. Dans le cadre d'un envoi répété, l'individu peut risquer jusqu'à 45 000 euros d'amende et 3 ans d'emprisonnement.

- **Je suis en soirée, je rencontre une personne qui me plaît. Pendant la soirée on parle beaucoup, on rigole, on boit, on flirte. Plus la soirée avance, plus on se rapproche. Iel me chauffe en me chuchotant des choses coquines à l'oreille. Iel va aux toilettes, je prends ça pour un message et je le.la suis. Une fois dans les toilettes, je le.la plaque contre le mur et commence à le.la caresser. Iel me dit qu'iel ne veut pas. Blessé dans mon ego, je fais mine de ne pas entendre et je me dis : « Non, ça doit vouloir dire oui en fait », alors je force les choses.**

❏ *Faut pas allumer si tu ne fais rien derrière. C'est bien mérité !*

❏ *C'est une agression sexuelle.*

C'est une agression sexuelle.

Et s'il y a pénétration digitale ou génitale, il s'agira de viol. Toute relation sexuelle non consentie est considérée comme une agression sexuelle. S'ambiancer et flirter ne veut pas dire que votre partenaire doit coûte que coûte aller jusqu'à faire l'amour. Ah oui, et NON, ça veut dire NON en général.

- **Je suis en ville avec des potes. L'un d'eux voit une femme passer, il la reluque, la siffle, fait des bruits d'animaux. Il essaye d'attirer son attention, mais en vain.**

❏ *Oh ça va, faut arrêter. On rigole juste !*

❏ *C'est du harcèlement.*

C'est du harcèlement et plus précisément, un outrage sexiste. Tu es complice, car tu ne dis pas à ton ami que son comportement sexiste est inapproprié. Cela fait également de toi un.e harceleur.se.

- **Lundi matin, j'arrive au bureau et je vois que ma collègue a mis une mini-jupe. Ni une ni deux, en lui déposant son café, je lui glisse qu'elle est canon et qu'elle aura sûrement son augmentation rêvée avec le boss tout à l'heure !**

❑ *Ben quoi ? C'est juste un compliment ! C'est une pote, elle sait !*

❑ *C'est du harcèlement.*

C'est du harcèlement.

Réduire une personne à sa tenue et insinuer qu'elle aura ce qu'elle veut grâce à ça, c'est un comportement sexiste et humiliant. Allez relire le passage sur le « sexisme ordinaire ».

- **Ce soir, je me couche avec une idée bien précise en tête : faire l'amour comme un fou à ma copine. Elle se couche aussi, elle a mis un jogging, ça fait pas rêver, mais je fais comme si ça me plaisait. Je commence par lui faire un câlin, puis je passe ma main sous ses vêtements. Elle ne réagit pas. Je continue, je commence à la caresser. Elle repousse ma main et me dit qu'elle ne veut pas ce soir. Mais moi je suis chaud comme la braise, alors je me dis qu'elle va sûrement changer d'avis. Je commence à la masturber, elle ne bouge pas. Bingo, elle n'a pas enlevé ma main, ce soir c'est le grand soir !**

TRIGGER WARNING

❑ *Si elle se laisse faire, c'est qu'elle en a sûrement envie.*

❑ *C'est un viol conjugal.*

C'est une agression sexuelle et un viol s'il y a pénétration. En couple ou pas.

- **Vous êtes au travail. Votre supérieur.e vient vous féliciter d'avoir signé un nouveau client et vous garantit que vos atouts n'y sont pas pour rien.**

❑ *Oh ça va, c'est une blague. C'est lourd, mais ce n'est pas du harcèlement.*

❑ *C'est du harcèlement.*

Imposer à quelqu'un un propos à connotation sexuelle ou sexiste qui porte atteinte à sa dignité, qui dégrade et humilie, est puni par la loi. Ce n'est pas une blague, car ce n'est pas drôle.

- **Après vous avoir félicité pour vos résultats, votre responsable souhaite vous récompenser en vous invitant à déjeuner. À la fin du repas, iel tente de vous embrasser. Vous refusez.**

❏ *C'est une agression sexuelle.*

❏ *Qui ne tente rien n'a rien, iel a accepté le repas, iel s'attendait à quoi ?*

À partir du moment où l'agresseur entre en contact physique avec la victime, il s'agit d'une agression sexuelle lourdement punie par la loi. Ce n'est pas parce que vous offrez un dîner à quelqu'un que vous devez attendre quelque chose en retour. À l'inverse, si vous êtes invité.e, vous n'avez rien à donner en retour.

- **Deux collègues vous charrient lourdement sur la taille de votre poitrine depuis toujours et décident aujourd'hui de lui attribuer une note. Quand vous leur expliquez que c'est gênant, ielles rigolent et disent que vous n'avez pas d'humour.**

❏ *C'est clair, vous n'avez pas d'humour, ce n'est pas du harcèlement ! Décoince-toi, Micheline !*

❏ *C'est du harcèlement.*

C'est du harcèlement moral et sexuel. Vous devez prévenir votre direction et faire sanctionner vos collègues.

C'EST DU HARCÈLEMENT.

Comment en sommes-nous arrivé.e.s là ?

Sinon, plusieurs fois j'ai vu des mecs qui se masturbaient devant moi dans l'espace public (quand je faisais un footing dans un parc, quand j'attendais mon train sur le quai, quand je marchais vers une gare – un mec garé, portière ouverte…).
Limite ça devient « normal » alors que c'est PAS NORMAL !

19 % des Français.e.s considèrent que « lorsqu'on essaie d'avoir une relation sexuelle avec elles, beaucoup de femmes disent "non", mais ça veut dire "oui" ».[53]

Non, ça veut dire… non. En plus c'est pratique, parce qu'on peut difficilement se tromper en le lisant, en l'écrivant ou en l'entendant.

LA CULTURE DU VIOL

Est-ce que pénétrer une personne avec un doigt est un viol ? **24 % des Français.es pensent que non.** Est-ce que forcer une personne à faire une fellation est un viol ? **24 % des Français.es pensent que non.** Est-ce que forcer quelqu'un à avoir une relation sexuelle jusqu'à ce qu'iel accepte est un viol ? **21 % des Français.es pensent que non.**[54]

Pourtant, oui : tous ces actes sont des viols.

Pour rappel, selon le Code pénal « tout acte de pénétration sexuelle, de quelque nature qu'il soit, commis sur la personne d'autrui par violence, contrainte, menace ou surprise est un viol. »[55]

Récemment, le documentaire *Je ne suis pas une salope, je suis une journaliste* créé par Marie Portolano a fait éclater au grand jour le sexisme ordinaire et les agressions sexuelles dont sont victimes les journalistes de sport sur la télévision française. Ce reportage a permis de mettre en lumière le sexisme banalisé des plateaux de télévisions depuis des années. On y voit Pierre Ménès embrasser de force deux journalistes en direct et être acclamé, applaudi par le public.

Il me semblait important de parler également du personnage de Chuck Bass dans *Gossip girl*, qualifié de *sex symbol* et même d'homme parfait[56] alors qu'en réalité c'est un agresseur sexuel dangereux. Pour celles.ceux qui connaissent la série, on le voit tenter de violer Jenny sur un roof top, de vendre sa petite amie Blair contre un hôtel, de violer Serena et j'en passe. Le problème ici, c'est que ce personnage a souvent été présenté comme l'homme passionné, sexy, charmeur et que c'est son « triste » passé qui a fait de lui quelqu'un de violent. Mais non.

Vous voyez où je veux en venir ?

Nous vivons dans une société patriarcale dans laquelle le harcèlement, les agressions sexuelles, les viols, et les féminicides sont minimisés, voire banalisés.

En France, 1 femme sur 6 et 1 homme sur 20 déclarent avoir subi des viols ou des tentatives de viol au cours de leur vie.

Chaque année, cela représente 256 000 victimes (208 000 femmes, dont 124 000 mineures, et 46 000 hommes, dont 30 000 mineurs).

Seulement 10 % des victimes portent plainte. Et seulement 1 % à 2 % des viols font l'objet d'une condamnation.

Pour 4 Français.es sur 10, la responsabilité du violeur est atténuée si la victime a eu une attitude provocante en public ou a flirté avec l'agresseur.[57]

« Ce n'est pas de la faute des hommes, comprenez bien, ils sont plus fragiles au niveau de leurs besoins sexuels. »

C'est typiquement avec de genre d'affirmation que les hommes sont pardonnés et que les femmes sont traitées d'allumeuses.

« Elle l'a bien cherché. »

Affirmer que la victime est responsable du viol qu'elle a subi, c'est la condamner une deuxième fois.

« La culture du viol, ce sont tous les éléments, le langage, les idées, les images, les stéréotypes qui banalisent les violences sexuelles et font qu'on va les tolérer quand on y est confronté.e. »[58]

L'expression « culture du viol » apparaît en 1994 et est définie par Lonsway et Fitzgerald comme des « *attitudes et croyances généralement fausses, mais répandues et persistantes, permettant de nier et justifier l'agression sexuelle masculine contre les femmes* ».[59]

65 % des femmes et 61 % des hommes en France considèrent qu'il est plus difficile pour un homme de maîtriser son désir sexuel que pour une femme.[60]

En plus de chercher des excuses aux violeurs, il existe un autre phénomène qu'on appelle le *victim-blaming* et qui consiste, comme son nom l'indique, à renverser la situation pour culpabiliser et responsabiliser la victime.

27 % des Français.e.s estiment que si la victime portait une tenue sexy (mini-jupe ou décolleté), la responsabilité du violeur est atténuée. 15 % des Français.e.s estiment que la victime est en partie responsable si elle s'est rendue seule chez un.e inconnu.e. Assez choquant, 41 % des répondant.e.s estiment que si l'on se défend vraiment en criant, on fait fuir le violeur. Enfin, 25 % pensent que si on respecte des règles de précaution simples, on n'a quasiment aucun risque d'être victime de viol.[61]

Ce concept, grave, de victim-blaming peut être fait autant par l'agresseur que par l'entourage de la victime. L'idée étant de toujours trouver une explication plausible, une raison valable pour laquelle la victime a subi une agression.

Or, les victimes ne sont JAMAIS responsables d'une agression.

Ce que je souhaite souligner dans cette partie, c'est l'omniprésence de la culture du viol dans le quotidien des femmes et des hommes. Il est grand temps de croire les victimes et de ne pas remettre en question leurs témoignages. Il est grand temps d'arrêter de chercher des explications aux actes des violeurs.

RIEN NE JUSTIFIE LA VIOLENCE.
La culture du viol doit cesser.

ACTION, RÉACTION !

#METOO

Alyssa Milano
@Alyssa_Milano

If you've been sexually harassed or assaulted write 'me too' as a reply to this tweet.

> Me too.
>
> Suggested by a friend : « If all the women who have been sexually harassed or assaulted wrote 'Me too.' as a status, we might give people a sense of the magnitude of the problem. »

10:21 PM - 15 oct. 2017

49,6 k   83,7 k personnes tweetent à ce sujet.

LA DÉNONCIATION SUR LES RÉSEAUX SOCIAUX

L'essor des réseaux sociaux a permis aux activistes de dénoncer mondialement le harcèlement dans tous les milieux.

#metoo

On est en 2006. Tarana Burke, militante féministe, lance une campagne de soutien aux victimes d'agressions sexuelles dans les quartiers défavorisés et choisit de la nommer *Me Too*.

Un peu plus de 10 ans plus tard, l'affaire Harvey Weinstein secoue le milieu du cinéma américain dans les médias du monde entier. Une trentaine de victimes l'accusent de viols et d'agressions sexuelles. Je vous invite à lire le livre *She Said*, l'histoire de cette enquête phénoménale.

En 2017, l'actrice Alyssa Milano poste un tweet dans lequel elle invite toutes les femmes victimes d'agressions sexuelles à témoigner en utilisant le hashtag #metoo. En quelques jours, le phénomène prend une ampleur énorme et les témoignages pleuvent.

Suite à ce tweet, des dizaines de célébrités ont été dénoncées et des peines ont été prononcées. En 2020, Harvey Weinstein a écopé de 23 ans de prison pour viols et agressions sexuelles.

> **Sandra Muller** @LettreAudio - 13 oct. 2017 ···
> **#balancetonporc** !! toi aussi raconte en donnant le nom et les détails d'un harcèlement sexuel que tu as connu dans ton boulot. Je vous attends.
> 82 381 487

#balancetonporc

En France, c'est Sandra Muller, journaliste, qui lance la version française de #metoo le 13 octobre 2017. Elle part du principe que de nombreuses femmes ont été victimes d'agressions sexuelles ou de viol et qu'elles ne doivent pas se murer dans le silence.

Ainsi, elle appelle toutes les victimes à dénoncer leurs agresseurs sur les réseaux sociaux en donnant leur identité.

#UberCestOver

Novembre 2019, deux femmes sont sexuellement agressées par le même chauffeur Uber à Strasbourg[62]. L'une d'elles se confie à Anna Toumazoff (créatrice des comptes @memespourcoolkidsfeministes, @cequeveulentlesfemmes et @toutenuedanslarue), et c'est ainsi que nait le hashtag #UberCestOver *via* le compte de la militante féministe. Ce mouvement a permis de mettre en lumière les dérives et les dangers que peuvent courir les utilisateur.trice.s de chauffeurs privés. Suite à ces agressions, l'entreprise a mis en place différentes solutions d'aide et d'accompagnement des victimes comme : le suivi en direct de la course, l'alerte aux forces de l'ordre, le code pin pour lancer la course, des campagnes d'affichage, ou encore, le traçage des faux chauffeurs.[63]

#SciencesPorcs

En 2021, c'est encore Anna Toumazoff qui fait éclater au grand jour les agressions sexuelles et les viols dont sont victimes les étudiant.e.s des campus de Sciences Politiques. En quelques heures, elle reçoit des centaines de témoignages de victimes qu'on n'a jamais crues, qu'on a intimidées pour qu'elles restent silencieuses.

« Comment faire pour que les hommes arrêtent de violer ? »

Le 22 janvier 2021, le tweet « Comment faire pour que les hommes arrêtent de violer ? » de @Melusine_2, militante féministe, a fait l'effet d'un raz-de-marée sur les réseaux sociaux. Premier effet : la suppression de son compte avec obligation de suppression de son post. Par la suite, de nombreux comptes de militant.e.s féministes ont également partagé cette phrase et se sont vus restreints, *shadowbanned*, voir supprimés. Pourquoi ?

Pourquoi, quand on lit des articles comme « les Français aiment le fromage », « les Français sont les rois de la mode » ou « les Français sont les plus fins gastronomes du monde », personne ne réagit, personne ne s'insurge ? Parce que ce sont des généralités qui ne dérangent pas. En revanche, quand un tweet tel que « Comment faire pour que les hommes arrêtent de violer ? » est posté, les signalements et les demandes de suppression de compte explosent. Pourquoi ? Il y a des généralités qui dérangent.

Je l'ai dit tout au début du livre : « Pas tous les hommes, mais assez pour qu'on ait tous.tes peur ». C'est une réalité. La question tweetée par @Melusine_2 dérange les #notallmen. Parce que tous les hommes se sentent mis dans un même sac.

Ce que je veux que vous compreniez avec ce tweet, c'est que c'est la définition même de la culture du viol. Fermer les yeux et demander à ne pas dire haut et fort que 99 % des personnes condamnées pour violences sexuelles sont des hommes.[64]

En 2012, Sofie Peeters a créé le film *Femme de la rue* pour dénoncer le harcèlement sexiste dans les rues de Bruxelles (Belgique). Si la vidéo a été contestée pour avoir mis en évidence une majorité de Maghrébins dans les images, ce que nous devons retenir avant tout, c'est que les harceleurs sont 100 % masculins. Je rajoute qu'il n'y a pas de « profil type » du harceleur, comme beaucoup s'entendent à le répéter.

Cette vidéo met en lumière le comportement de beaucoup d'hommes dans la rue : le besoin de réagir aux physiques des femmes. Une grande majorité a bien conscience que cela n'aboutira probablement pas à une aventure ; cependant, ce qu'ils ont bien compris, c'est le contrôle qu'ils ont sur les passantes à ce moment précis.

Cette vidéo est apparue au moment où les réseaux sociaux commençaient à s'emparer du sujet et a permis de délier les langues. Les femmes ont trouvé la force de dénoncer et des mots ont été posés sur ces agissements : le harcèlement sexiste dans l'espace public.

Vous vous rappelez sûrement cette autre vidéo « 10 Hours of Walking in NYC as a Woman » publiée en 2014 (avec plus de 49 millions de vues sur YouTube à l'heure actuelle) dans laquelle on suit une femme qui marche dans les rues de New York pendant 10 heures ; rassurez-vous, la vidéo ne dure que 2 minutes, mais c'est suffisant pour comprendre la lourdeur de la situation.

Ces deux vidéos – parmi toutes celles qui ont été publiées entretemps et qui relatent les mêmes faits dans des villes du monde entier – ont l'avantage de permettre à tout un chacun de comprendre ce que signifie le « harcèlement de rue ». Il s'agit bien là d'un ensemble d'agissements inappropriés et punissables par la loi dont une très grande majorité des femmes a fait la triste expérience au moins une fois dans sa vie.

Ce que chaque victime de harcèlement doit avoir dans sa poche et ne jamais oublier :

1. Ce n'est JAMAIS de ta faute.

2. Ta tenue, ton maquillage, ton allure, ta démarche ne justifient rien.

3. Nous te croyons.

4. Essaye d'en parler autour de toi pour te libérer.

5. Chaque harcèlement ou agression est grave. Il ne faut pas banaliser ces actes.

6. Tu as le droit de te sentir mal.

7. Ne culpabilise pas. Tu as réagi comme tu as pu sur le coup. Tu as réagi en fonction de ton instinct, c'est la meilleure chose à faire.

8. Tu n'es pas un.e coincé.e parce que les blagues sexistes ne te font pas rire ou parce que tu ne veux pas jouer à un jeu qui te met mal à l'aise.

DÉPOSER UNE PLAINTE, COMMENT FAIRE ?

Ou quand tu en parles à tes amis, ils te disent en rigolant : « Ça ne m'arrive jamais, c'est toi ahah, tu es un aimant à exhibos »...

La réception de la plainte ne peut pas vous être refusée. Dans les pages suivantes, vous allez trouver différentes possibilités pour déposer une plainte dans l'urgence ou après les faits.

EN CAS D'URGENCE :

Si vous venez de subir une agression et que vous voulez agir dans l'immédiat, vous avez des solutions :

- **appeler le 17 :** police secours ;
- **appeler le 112 :** numéro d'urgences européen ;
- **envoyer un SMS au 114 :** numéro d'urgence pour les personnes qui ne peuvent pas téléphoner ;
- **par le portail Internet :** http://www.urgence114.fr ;
- **site web :** https://www.service-public.fr/particuliers/vosdroits/R50241

Il s'agit d'un service spécialisé de la police et de la gendarmerie destiné aux agressions relatives au sexe ou à l'orientation sexuelle des victimes. L'échange se fait sous forme de tchat.

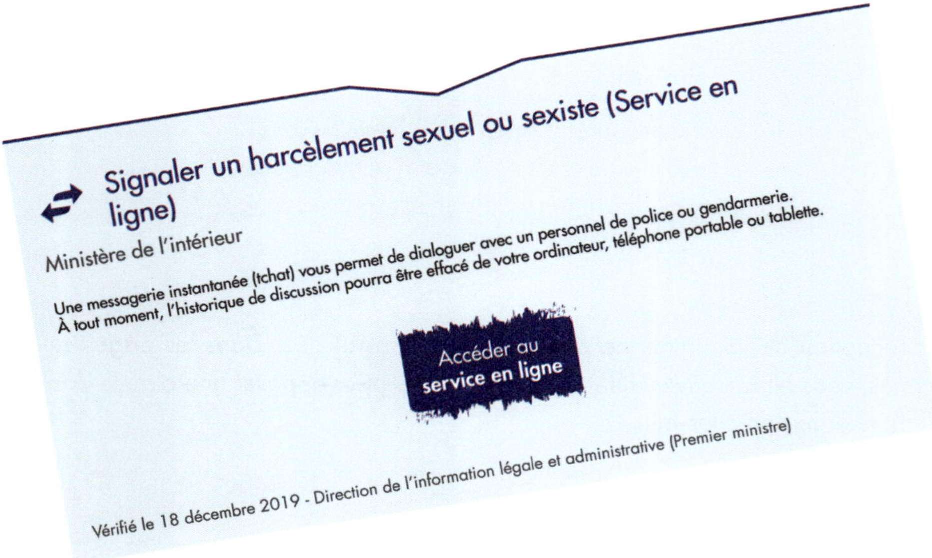

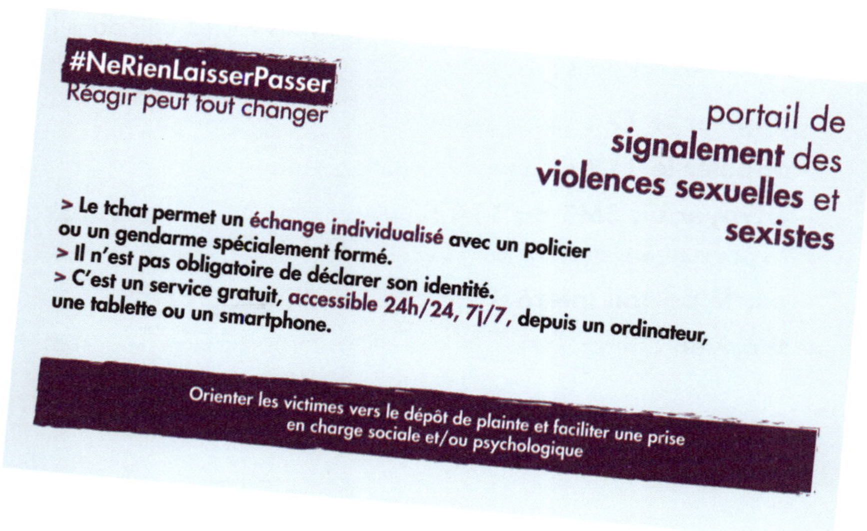

SI VOUS AVEZ UN PEU PLUS DE TEMPS DEVANT VOUS :

Préparer son dépôt de plainte

Avant de faire votre dépôt de plainte, posez-vous tranquillement, rassemblez tous vos souvenirs, toutes les informations nécessaires (le lieu, l'heure, la tenue de l'agresseur, les faits précis, les témoins éventuels, etc.). Le mieux étant de consigner par écrit l'ensemble de la déposition pour être sûr.e de ne rien oublier. Cela vous permettra également d'être moins stressé.e le jour du dépôt de plainte.

Si vous avez du contenu digital (photos, vidéos, enregistrement vocal), n'hésitez pas à tout mettre sur une clé USB avant le rendez-vous.

Prendre rendez-vous avec un.e avocat.e

Passer par le commissariat n'est pas obligatoire. À la place, vous pouvez vous rapprocher d'un.e avocat.e. Iel vous aidera à préparer le dossier de plainte, vous donnera les contacts nécessaires et vous accompagnera pendant toute la procédure.

Vous pouvez aussi faire une demande d'aide juridictionnelle qui pourra prendre en charge l'ensemble ou une partie des frais juridiques. Elle peut être demandée avant ou après le début de l'affaire.

À la gendarmerie ou au commissariat

Avant de vous présenter, n'hésitez pas à appeler pour prendre rendez-vous. Si vous souhaitez faire votre dépôt de plainte avec une femme, vous avez le droit. Vous pouvez également demander à le faire auprès d'une personne en charge du harcèlement sexiste et sexuel.

Par ailleurs, il est préférable de déposer plainte dans le commissariat de la ville dans laquelle a eu lieu l'agression pour éviter les délais de transfert de dossiers.

Envoyer un courrier au procureur de la République

Vous pouvez envoyer un courrier sur papier libre au tribunal judiciaire du lieu d'infraction, en lettre simple ou en recommandé. Vous pouvez également déposer directement votre courrier dans ce même tribunal (un reçu vous sera donné pour preuve de remise de plainte).

Voici les informations à faire figurer dans le courrier :

- vos coordonnées complètes et votre état civil ;
- le récit détaillé des faits, la date, l'heure, le lieu de l'infraction ;
- les prénoms et noms de l'agresseur si vous les connaissez, dans le cas contraire contre « X » ;
- les coordonnées complètes des éventuels témoins de l'agression ;
- la description la plus détaillée possible des faits ;
- des documents de preuve (photos, certificats médicaux, arrêts de travail, etc.) ;
- l'expression de votre volonté de vous constituer partie civile.

DÉPOSER UNE PLAINTE SI VOUS ÊTES VICTIME D'UNE AGRESSION À L'ÉTRANGER

Malgré la distance, les autorités françaises sont tout à fait aptes à vous accompagner dans le dépôt d'une plainte.

Si vous portez plainte dans le pays dans lequel vous avez été agressé.e, gardez une copie du procès-verbal pour pouvoir le présenter lors de votre plainte en France.

Vous trouverez sur le site Internet **www.justice.gouv.fr** un document téléchargeable contenant toutes les informations à ce sujet.[65]

Dans un premier temps, vous pouvez vous rapprocher de l'ambassade ou du consulat de votre pays. Ils vous expliqueront les démarches à suivre et vous donneront les contacts nécessaires pour déposer votre plainte.

CONTACT UTILE :

– INAVEM, Institut National d'Aide aux Victimes et de Médiation : **7 j/7, de 9 h à 21 h (heure française). Depuis la France : 08 842 846 37 (appel non surtaxé). Depuis l'étranger : 00 33 (0)1 41 83 42 08 08victimes@inavem.org.**

PLUS DE 25% DES FEMMES
ONT DÉJÀ RENONCÉ
À SORTIR DE CHEZ ELLES.

LE HARCÈLEMENT DE RUE : L'OUTRAGE SEXISTE

Plus de 25 % des femmes ont déjà renoncé à sortir de chez elles.[66]

« Pour rappel, l'outrage sexiste constitue le fait d'imposer à une personne tout propos ou comportement à connotation sexuelle ou sexiste qui porte atteinte à sa dignité en raison de son caractère dégradant ou humiliant, soit crée à son encontre une situation intimidante, hostile ou offensante. »[67]

La contravention peut aller de 90 euros à 750 euros. Si la peine est aggravée, le montant peut s'élever à 1 500 euros.

Il me semblait impossible d'écrire ce livre sans vous parler de la formation Stand Up, que j'ai eu l'occasion de suivre fin 2020. Lorsque l'équipe de MadmoiZelle m'a contactée pour faire un live Instagram sur la thématique « Comment réagir face au harcèlement de rue », je n'ai pas hésité une seconde.

Afin de m'accompagner dans les solutions à apporter lors de ce live, elles m'ont conseillé de suivre la formation Stand Up. J'ai immédiatement été conquise par le projet et convaincue de son importance.

FORMEZ-VOUS GRATUITEMENT EN LIGNE

Suite à une étude menée avec Ipsos en 2019, L'Oréal Paris a créé un programme international de sensibilisation et de formation contre le harcèlement de rue en partenariat avec L'ONG Hollaback!. En France, la formation Stand Up est accessible à tous.tes depuis janvier 2020 sur standup-france.com. Elle est également déployée depuis mars 2020 grâce à l'aide de la Fondation des Femmes et de ses associations partenaires, En avant Toute(s) et Filactions, à travers des initiatives scolaires, des formations dans les espaces publics et en format webinaire.

Cette étude a démontré que **81 % des femmes en France ont déjà été victimes de harcèlement sexuel dans les lieux publics**. Autre constat alarmant : **seulement 20 % d'entre elles déclarent avoir été aidées par des témoins**. L'enquête révèle également que **86 % des personnes interrogées ne savent pas comment réagir** lorsqu'elles sont témoins d'une situation de harcèlement ou d'agression sexuelle.[68]

L'objectif du programme Stand Up ? Aider les victimes et les témoins à réagir dans une situation de harcèlement sexuel dans l'espace public. L'outil ? La méthode des 5 D, créée par Hollaback!.

Faites connaissance avec Emily May, cofondatrice de l'ONG Hollaback!

Pouvez-vous présenter Hollaback! en quelques mots ?

Hollaback! est un mouvement mondial, alimenté par les gens, qui vise à mettre fin au harcèlement sous toutes ses formes. Il a été fondé par sept jeunes en 2005 et s'est étendu depuis à plus de 20 villes dans 10 pays[69]. Nous avons formé plus de 40 000 personnes à l'intervention en tant que témoins et recueilli plus de 15 000 témoignages de harcèlement.

Comment avez-vous eu cette idée des 5 D ?

En 2012, nous nous sommes associés au programme Green Dot[70] pour développer des outils qui aident à intervenir lorsque vous êtes témoin d'un cas de harcèlement. En 2015, nous avons élargi ces outils pour y inclure le D de « dialoguer » et en 2017, nous avons aussi inclus le D de « documenter ».

Quel message voulez-vous transmettre aux personnes qui liront ce livre ?

Vous pouvez faire le choix de prendre activement et visiblement position contre le harcèlement. Les 5 D de Hollaback! proposent cinq méthodes différentes que vous pouvez utiliser pour soutenir une personne qui est harcelée, souligner que le harcèlement n'est pas acceptable et montrer aux gens de votre entourage qu'ielles ont, eux.elles aussi, le pouvoir de rendre nos espaces publics plus sûrs.

Faites connaissance avec Jamel Boutiba, Directeur général de L'Oréal Paris France

En quoi est-ce indispensable pour L'Oréal Paris de s'engager dans cette lutte contre le harcèlement de rue ?

Depuis plus de 100 ans, la mission de L'Oréal Paris est d'être aux côtés des femmes pour leur donner le pouvoir d'avoir confiance en elles. Le harcèlement de rue est une expérience qui détruit la confiance en soi des personnes qui le subissent, c'est une atteinte à leur dignité, une entrave à leur liberté. En 2020, nous avons créé le programme international Stand Up en partenariat avec l'ONG Hollaback! et la Fondation des Femmes en France, afin d'agir face à cet enjeu majeur et urgent, en proposant à chacun.e – homme ou femme, témoin ou victime – une solution concrète. Nous voulons casser cette dynamique en agissant au cas par cas, pour construire ensemble une culture dans laquelle le harcèlement est considéré comme quelque chose d'intolérable. La lutte contre le harcèlement de rue nous concerne tous.tes.

Quels autres engagements tenez-vous au quotidien pour lutter contre les violences faites aux femmes ?

Stand Up est un programme international que nous avons déployé dans de nombreux pays. En France, nous avons construit une collaboration à long terme avec la Fondation des Femmes, à travers la mise en place des formations Stand Up sur le terrain et par le relais de leurs différentes initiatives dans ces luttes qui nous rassemblent. Nous tenons, dans chacune de nos actions, à nous engager pour la liberté de toutes les femmes et ainsi, contre toute forme de violence faite aux femmes. Notre engagement passe également par le soutien des projets d'engagement de nos ambassadrices, comme Jaha Dukurey, fondatrice de Safe Hands for Girls, une ONG qui vient en aide aux femmes et aux filles africaines victimes de mutilations génitales féminines.

Faites connaissance avec Anne-Cécile Mailfert, présidente et fondatrice de la Fondation des Femmes

En quoi consiste la Fondation des Femmes ?

La Fondation des Femmes, abritée par la Fondation de France, est la fondation de référence en France pour les droits des femmes et contre les violences dont elles sont victimes. Grâce aux dons qu'elle reçoit, elle apporte un soutien financier, juridique et matériel aux initiatives associatives à fort impact, sur tout le territoire. Elle agit concrètement grâce à la mobilisation du grand public, des entreprises et des institutions et au travers de sa Force juridique, composée de 150 avocat.e.s. bénévoles.

Comment peut-on s'engager à vos côtés ?

Pour s'engager aux côtés de la Fondation des Femmes, la première façon est de faire un don afin de soutenir les actions qu'elle mène sur le terrain partout en France *via* son réseau d'associations partenaires. Vous pouvez faire un don sur : https://fondationdesfemmes.org. Pour lutter concrètement à nos côtés contre le harcèlement de rue, il est possible de se former à réagir comme témoin ou victime. Je vous invite à vous rendre sur le site standup-france.com, rubrique « Événements », pour vous inscrire à un créneau de formation (inscription gratuite, mais obligatoire).

Pouvez-vous partager des chiffres clés de 2019/2020 ?

En 2020, la Fondation des Femmes a permis d'écouter la parole de milliers de femmes à travers les solutions d'aide et d'écoute que nous soutenons financièrement. Nos efforts ont également permis de déployer un programme de relogement d'urgence de femmes victimes de violences : ce sont au total plus de 20 000 nuitées qui ont été mises à disposition des femmes en situation de danger. Tout ceci a permis de faire reculer significativement les féminicides en 2020.

Enfin, grâce au programme développé avec L'Oréal Paris et l'ONG Hollaback!, ce sont plus de 40 000 personnes qui ont été formées en France et sont désormais prêtes à réagir en cas de situation de harcèlement de rue. Soyons encore plus nombreuses et nombreux à être formé.e.s !

DISTRAIRE

DÉLÉGUER

DOCUMENTER

DIRIGER

DIALOGUER

LA MÉTHODE DES 5D

VOICI LES 5 MOTS MAGIQUES À RETENIR :

DISTRAIRE **DÉLÉGUER** **DOCUMENTER** **DIRIGER** **DIALOGUER**

Voici les réactions relatives à chacun de ces « D » que vous pourriez utiliser face à une situation de harcèlement sexiste ou sexuel dans l'espace public. Des vidéos sont disponibles sur le site standup-france.com pour illustrer ces situations.

SI JE SUIS TÉMOIN

Si vous êtes témoin d'une situation de harcèlement sexuel dans l'espace public, j'espère que la méthode des 5 D du programme Stand Up que vous découvrirez dans ce livre vous aidera à être plus à l'aise pour réagir. Sachez que vous pouvez changer les choses avec des techniques très simples à mettre en place. Plus les témoins réagiront, moins les harceleur.se.s auront de pouvoir dans l'espace public.

DISTRAIRE : faites semblant de connaître la personne harcelée, demandez l'heure ou créez une distraction : soyez créatif.ve.

Exemples :

> *« Hé, Virginie, ça fait 10 minutes que je te cherche ! On doit prendre le bus un peu plus loin. »*

> *« Claude ? Salut ! Tu te souviens de moi ? C'est Fred du collège ! Excellent, c'est trop drôle de tomber sur toi ! »*

> *« Bonjour, excusez-moi, pouvez-vous me dire quelle ligne de métro je dois prendre pour me rendre au Louvre ? »*

DÉLÉGUER : trouvez une personne qui représente une forme d'autorité et demandez-lui de vous aider à intervenir.

Exemples :

> « Hé vous, le monsieur avec le pull violet, pouvez-vous m'aider à me débarrasser de cet homme, s'il vous plaît ? »

> « Excusez-moi, madame avec le parapluie, pouvez-vous appeler les forces de l'ordre ? »

DOCUMENTER : filmez discrètement la scène et proposez à la victime de lui fournir la preuve ou de témoigner.

DIRIGER : demandez au.à la harceleur.se d'arrêter, puis rassurez la victime.

Exemples :

> « Monsieur, arrêtez d'importuner la femme à côté de vous. Vous n'avez pas le droit de vous comporter ainsi. »

> « Excusez-moi, pouvez-vous arrêter de vous masturber en public ? Ce n'est pas le lieu. »

DIALOGUER : réconfortez la personne harcelée après coup, dites-lui que ce qu'elle a vécu n'est pas acceptable, agissez comme un.e ami.e.

Exemples :

> « Est-ce que vous avez besoin que je vous accompagne à un poste de police ? »

> « Est-ce que vous avez besoin d'eau ? Ou que je vous raccompagne ? »

> « Sachez que ce qui vient de se passer n'est pas normal et que ce n'est pas du tout de votre faute. »

SI JE SUIS VICTIME

Quoi qu'il arrive, faites confiance à votre instinct. Que vous soyez en mesure de réagir ou pas, vous n'avez aucune raison de culpabiliser. Chaque personne réagit à sa manière. Les conseils ci-dessous vous permettront de vous ménager d'autres portes de secours en cas de situation de harcèlement. Toutefois, il existe des dizaines de subterfuges pour s'en sortir. N'oubliez pas de croire en vous.

DISTRAIRE : si l'agresseur vous tourne autour, n'hésitez pas à chercher le regard d'un témoin et prétendre que vous vous connaissez. Cela vous donnera l'opportunité de vous en débarrasser.

DÉLÉGUER : si vous ne vous sentez pas prêt.e à réagir, car la personne qui vous agresse vous intimide et vous met mal à l'aise, vous pouvez demander de l'aide à une autre personne autour de vous.

Exemples :

> *« Madame avec le pull rouge, pouvez-vous rester avec moi jusqu'à ce que je sorte du bus, s'il vous plaît ? »*

> *« Excusez-moi, la personne avec le pull bleu vient de me toucher sans mon consentement. Pouvez-vous m'aider ? Je dois appeler la police. »*

DOCUMENTER : si vous êtes en mesure de prendre une photo ou une vidéo de l'agresseur, n'hésitez pas tant que vous êtes en sécurité. Cela vous permettra d'avoir des preuves pour porter plainte.

DIRIGER : vous pouvez demander à voix haute à la personne qui vous harcèle d'arrêter. Vous pouvez décrire pourquoi il vous met mal à l'aise.

Exemples :

> *« Monsieur, pouvez-vous arrêter de vous coller à moi ? »*

> *« Pouvez-vous enlever votre main de ma cuisse ? Il s'agit là d'une agression sexuelle. »*

Je vous invite vivement à prendre le temps de vous rendre sur le site de Stand Up pour découvrir en vidéo toutes ces astuces pour réagir, en tant que témoin ou victime de harcèlement sexuel dans l'espace public. **www.standup-france.com**

Dans les pages suivantes, nous allons utiliser quelques témoignages postés sur le compte **@disbonjoursalepute** et voir comment nous pourrions y faire face, en tant que témoin ou victime, grâce à la méthode des 5 D de Hollaback!

Mise en pratique

Bonjour, merci beaucoup pour ce que tu fais ! Voici mon témoignage, pas la pire chose que j'ai pu vivre dans la rue mais qui m'a bien marquée quand même : j'avais 15 ans, c'était en plein après-midi. Je traverse au passage piétons, à l'arrêt il y a un trentenaire seul dans sa voiture plutôt cool, ses lunettes de soleil cool et sa marinière de trentenaire cool, il baisse sa vitre, me demande son chemin, je commence à lui indiquer la route, il sourit et me crie : « Et pour que tu me suces c'est où ? », et démarre en riant. J'ai rien su dire, personne n'a rien dit autour de moi, je suis restée bien 2 minutes complètement hébétée, puis j'ai continué à marcher. J'avais 15 ans, j'ai pas eu le temps, le réflexe de dire quelque chose, quand j'y repense, même 8 ans après, j'ai la même rage face à cette humiliation.

Quel(s) D pensez-vous pouvoir utiliser ?

- ❑ **DISTRAIRE**
- ❑ **DÉLÉGUER**
- ❑ **DOCUMENTER**
- ❑ **DIRIGER**
- ❑ **DIALOGUER**

Si je suis témoin de cette situation, voici ce que je peux faire :

DIALOGUER : vous pouvez aller parler avec la victime, la rassurer sur le fait qu'elle n'est pas coupable de ce qui vient de se passer. Sous le choc, elle peut avoir besoin de parler.

DOCUMENTER : si vous avez eu la possibilité de filmer, la vidéo ou les photos pourront permettre à la victime d'aller déposer plainte, notamment grâce au numéro de la plaque d'immatriculation. Vous pouvez également accompagner la victime dans cette démarche et témoigner à ses côtés.

Si je suis victime, voici ce que je peux faire :

DOCUMENTER : si vous étiez en train d'utiliser votre téléphone, n'hésitez pas à filmer si vous sentez que quelque chose est étrange, prenez en photo la plaque d'immatriculation et le lieu.

Sachant que cette scène se passe très vite et que le harceleur.se quitte les lieux très facilement, ne vous en voulez pas si vous n'avez pas eu le temps de réagir. Suivez votre instinct, protégez-vous, parlez-en si vous en ressentez le besoin. Vous n'êtes pas coupable de ce que vous venez de vivre.

Note à moi-même :

....

....

....

TRIGGER WARNING

C'était il y a un an, dans le métro parisien, il était 8 h. J'étais au niveau des sièges « quatre personnes » et devant moi cet homme qui me regardait. Il me dévisageait, de haut en bas, comme si j'étais une simple chose sexuelle. Il a commencé à se toucher les cuisses puis à se masturber devant moi, en me regardant. Les deux autres passagers sur les sièges restants, ont réagi chacun à sa manière. L'homme de 50 ans s'est tourné vers le couloir pour ne pas voir la scène, la femme de 60 ans a détourné le regard. Je me suis levée, choquée, le regard vide… ouf ma station. En racontant cette histoire à mes collègues, quelques minutes plus tard, les larmes aux yeux, plusieurs réactions : « Ma pauvre, essaye d'oublier » pour les plus compréhensifs et « Ça va il ne t'a pas touché » pour les moins sensibles. J'y repense à chaque fois que je monte dans cette ligne 4.

Quel(s) D pensez-vous pouvoir utiliser ?

❏ **DISTRAIRE**

❏ **DÉLÉGUER**

❏ **DOCUMENTER**

❏ **DIRIGER**

❏ **DIALOGUER**

Si je suis témoin de cette situation, voici ce que je peux faire :

DIRIGER : vous pouvez vous adresser à l'agresseur en lui disant que ce qu'il fait est interdit par la loi et qu'il doit arrêter immédiatement.

DISTRAIRE : n'hésitez pas à prétendre que vous connaissez la victime, approchez-vous d'elle et parlez-lui, comme si c'était une ancienne connaissance d'école par exemple.

DOCUMENTER : vous pouvez filmer la scène pour pouvoir la partager avec la victime, afin qu'elle puisse porter plainte si elle le souhaite. Les entreprises de transports ont généralement des caméras de vidéosurveillance ; apporter son témoignage, quand on en est capable, permet parfois d'identifier les récidivistes.

DIALOGUER : une fois que la victime s'éloigne de l'agression, vous pouvez aller lui parler. Souvent, on a besoin de soutien et de comprendre que l'on n'est pas coupable de ce que l'on a vécu.

Si je suis victime, voici ce que je peux faire :

DIRIGER : vous pouvez vous adresser à l'agresseur à voix haute, bien fort, en lui disant « Pouvez-vous arrêter de vous masturber en me regardant ? C'est vraiment moche ! ».

DÉLÉGUER : vous pouvez choisir une personne autour de vous, comme l'homme de 50 ans ou la femme de 60 ans, et dire fort « Madame/Monsieur, vous avec l'écharpe rouge, oui, pouvez-vous m'aider ? Cet homme se masturbe devant moi, je ne me sens pas en sécurité. » Une fois que vous les avez impliqué.e.s, il est compliqué pour elleux de se défiler.

DOCUMENTER : si vous avez votre téléphone à portée de main et que vous êtes en sécurité, vous pouvez le filmer pour avoir des preuves et porter plainte par la suite.

Vous pouvez également **DIRIGER** pendant que vous filmez.

Note à moi-même :

....

....

....

TRIGGER WARNING

Ça me rappelle des souvenirs…
Enceinte de mon fils, je me suis rendue en tram à la mater pour une écho, un mec me regarde avec insistance et me dit : « J'veux bien faire le papa » avec un air pervers… J'étais très mal à l'aise et j'avais peur, personne autour n'a réagi bien sûr. Ma non-réponse l'a fait surenchérir d'un « Fais pas ta coincée grosse pute ton gosse tu l'as pas fait en claquant des doigts ! » 3 ans après, je suis toujours choquée !

Quel(s) D pensez-vous pouvoir utiliser ?

❑ **DISTRAIRE**

❑ **DÉLÉGUER**

❑ **DOCUMENTER**

❑ **DIRIGER**

❑ **DIALOGUER**

Si je suis témoin de cette situation, voici ce que je peux faire :

DIRIGER : vous pouvez vous adresser directement à l'agresseur en lui demandant s'il n'a pas honte de parler ainsi à cette femme. L'objectif est de le déstabiliser pour qu'il cesse. Gardez vos distances s'il a l'air dangereux.

DIALOGUER : n'hésitez pas à aller parler à la victime. Souvent, personne ne réagit, les victimes se sentent seules, humiliées, salies. Elles culpabilisent et cherchent l'erreur en elles (tenue, maquillage, comportement, etc.). Vous pouvez la rassurer et parler avec elle pour stopper le stress de l'agression. Assurez-vous toutefois que la victime a envie de parler, pour éviter de causer un second stress.

Si je suis victime, voici ce que je peux faire :

DÉLÉGUER : vous pouvez désigner une personne autour de vous et solliciter son aide en l'identifiant avec sa tenue, par exemple : « Madame avec le tee-shirt vert, est-ce que je peux m'assoir à côté de vous, cet homme me fait peur, je ne suis pas rassurée ».

DIRIGER : si vous vous en sentez la force, vous pouvez vous adresser directement à l'agresseur : « Ce que vous faites est inadmissible. Maintenant, vous arrêtez. Il y a des caméras dans ce tram. Il s'agit d'un outrage sexiste et c'est puni par la loi. » Attention tout de même à garder une distance de sécurité, vous ne savez jamais à qui vous avez affaire. Suivez votre instinct, si vous ne le sentez pas, ne le faites pas.

Note à moi-même :

....

....

....

Je suis une femme et je suis homosexuelle donc autant vous dire que ce n'est pas facile tous les jours. Je ne peux pas embrasser ni tenir la main de ma copine même dans les plus beaux moments car les risques d'agressions sont relativement forts. Mais ça n'empêche quand même pas de se faire agresser verbalement régulièrement dans la rue par des groupes de jeunes :
« Vous aimez manger des moules ? »
« Comment faites-vous l'amour ? »
« Qui fait l'homme ? »
« Ça m'excite les lesbiennes. »
« Un petit plan à trois ça vous dit pas ? »
« Quel gâchis. »
« Tu n'as pas dû prendre une assez bonne b*te. »
« Tu t'es fait violer pour être devenue comme ça ? »
« Ça se soigne tu sais. »

Quel(s) D pensez-vous pouvoir utiliser ?

❑ **DISTRAIRE**

❑ **DÉLÉGUER**

❑ **DOCUMENTER**

❑ **DIRIGER**

❑ **DIALOGUER**

Si je suis témoin de cette situation, voici ce que je peux faire :

DIRIGER : vous pouvez réagir en expliquant que ces propos sont homophobe, c'est interdit par la loi, vous devez arrêter.

DOCUMENTER : pensez à filmer ces scènes pour avoir des preuves de ce qui a été dit. Gardez une distance de sécurité pour ne pas vous mettre en danger.

DIALOGUER : il est important de parler avec la victime afin de la rassurer. Vous pouvez vous approcher d'elle pour lui expliquer que ce qu'elle a subit vous révolte et que vous la soutenez. Son orientation sexuelle n'a pas à être insultée.

Si je suis victime, voici ce que je peux faire :

DIRIGER : vous pouvez vous adresser à ces homophobes en leur expliquant que ce qu'ielles font est interdit par la loi. Demandez-leur d'arrêter, mais n'entretenez pas de discussion avec elleux.

DÉLÉGUER : si vous ne vous sentez pas en sécurité, n'hésitez pas à chercher de l'aide. Vous pouvez demander à un.e passant.e de vous aider pour vous débarrasser de la situation. Si vous êtes dans les transports en commun, vous pouvez demander de l'aide à un.e agent.e.

DOCUMENTER : si vous êtes à distance et en sécurité, vous pouvez tenter de filmer ces scènes afin de pouvoir porter plainte par la suite.

Note à moi-même :

....

....

....

FAITES CONFIANCE À VOTRE INSTINCT

AU-DELÀ DU HARCÈLEMENT, FAIRE FACE AUX AGRESSIONS SEXUELLES DANS L'ESPACE PUBLIC

Il arrive régulièrement que les violences dans l'espace public franchissent la barrière de l'outrage sexiste pour devenir des agressions sexuelles.

Pour rappel, une agression sexuelle est une atteinte sexuelle commise avec violence, contrainte, menace ou surprise. S'il y a eu pénétration, il s'agit d'un viol.

L'agression sexuelle implique qu'il y a eu un contact physique entre la victime et l'agresseur. On parle également d'agression sexuelle commise par surprise si l'agresseur agit alors que la victime ne s'y attend pas, ce qui est régulièrement le cas dans la rue. En tout état de cause, l'agresseur n'a pas obtenu le consentement de la victime.

FAITES CONFIANCE À VOTRE INSTINCT

Avant de partager des exemples concrets issus du compte Instagram, nous allons voir quelques stratégies pour réagir rapidement si vous sentez que la situation est susceptible de déraper.

Avant tout, il est nécessaire d'analyser la situation et le danger potentiel. Est-ce que vous êtes seul.e dans une rue ? En pleine nuit ? Est-ce qu'il y a des gens autour ? Êtes-vous dans un endroit perdu ?

Si votre instinct vous dit « Pars en courant », « Change de place » ou « Change de trottoir », alors écoutez-le. Il n'y a pas de honte à partir en courant ou à changer sa trajectoire. Il n'a pas gagné, vous n'avez pas perdu. Vous avez très probablement sauvé votre peau.

Essayez d'éviter le danger

Si ça se passe en pleine journée, qu'il y a du monde autour (on sait bien que ça rassure un peu), vous pouvez éviter l'agresseur *via* plusieurs techniques :

- prenez votre téléphone et appelez quelqu'un ou mimez de passer un coup de fil ;
- mettez vos écouteurs, votre casque ;
- arrêtez-vous devant la vitrine d'un magasin ou un café et entrez dedans (si vous êtes vraiment mal à l'aise ou que l'agresseur ne part pas, vous pouvez demander de l'aide à l'intérieur) ;
- sortez un livre, un magazine, un carnet de votre sac et faites comme si vous étiez occupé.e.

Apprenez l'autodéfense pour augmenter votre confiance en vous

Si ça peut vous rassurer, vous pouvez tout à fait vous former à l'autodéfense. C'est un outil de prévention primaire de la violence pour éviter qu'une situation dégénère[71].

Prendre des cours vous permettra également d'avoir davantage confiance en vous lors d'une situation dangereuse. Vous arrivez à mieux contrôler et gérer vos émotions le moment donné. Bien entendu, le mieux est toujours d'éviter la violence et de vous mettre en sécurité.

Les armes de défense

Il me semble important de rappeler que le port d'armes (type bombe au poivre ou taser) n'est pas autorisé, sauf avec un « motif légitime ». Je le mets entre guillemets car dans la loi, il est précisé que l'appréciation du motif légitime se fait au cas par cas, en fonction du lieu, des circonstances, et du contexte. Autant dire que c'est très flou.

Paradoxalement, la loi autorise la détention d'armes de catégorie D chez vous si vous êtes majeur.e… et donc potentiellement chez des personnes dangereuses qui pourraient violenter leur.s conjoint.e.s.[72]

Témoignages

Les exemples qui suivent sont issus du compte Instagram @disbonjoursalepute. Ils vous permettront de voir dans un premier temps que vous n'êtes – malheureusement – pas seul.e dans votre cas à avoir subi une agression sexuelle. Ce n'est pas censé vous rassurer, mais peut-être vous donner du courage.

Certaines agressions sont plus violentes que d'autres, je vous invite à passer cette partie si vous êtes sensible.

Agression sexuelle dans le métro

TRIGGER WARNING

Cette histoire date un peu mais voilà… J'avais 14 ans, je rentrais du collège en métro, j'avais 4 stations seulement. Je suis assise sur un strapontin près de le porte un homme dans la quarantaine se met debout à ma gauche. Il sort son sexe et commence à se masturber. Le métro était plein, j'ai cherché du regard la personne assise en face de moi. Elle voit et baisse les yeux. L'homme éjacule sur ma cuisse et sort du métro serein. Personne ne m'a aidée, ni pendant ni après.

COMMENT RÉAGIR :

→ **SE FAIRE AIDER :** pendant l'agression, vous pouvez interpeller une personne autour de vous en la désignant par un élément distinctif de sa tenue. Vous pouvez lui demander à voix haute si vous pouvez vous asseoir à côté d'elle. Vous pouvez également lui demander de vous aider à vous éloigner de l'agresseur.

→ **DÉNONCER :** si vous en vous sentez capable, vous pouvez vous adresser haut et fort à l'agresseur en lui disant : « Monsieur, ce que vous faites est interdit par la loi, vous n'avez pas le droit de vous masturber dans l'espace public ». Cela peut permettre de stopper l'agression avant que ça n'aille plus loin.

→ **FILMER :** il est tout à fait normal de ne pas se sentir capable de parler. Dans ces moments-là, vous pouvez prendre votre téléphone et filmer l'agresseur et ses gestes. Ce contenu vous permettra de porter plainte et très probablement, d'éloigner l'agresseur. Toutefois, privilégiez votre sécurité avant tout.

CE QUE DIT LA LOI :

« L'exhibition sexuelle imposée à la vue d'autrui dans un lieu accessible aux regards du public est punie d'un an d'emprisonnement et de 15 000 euros d'amende. [73]

Constitue une agression sexuelle le fait de contraindre une personne par la violence, la menace ou la surprise à subir une atteinte sexuelle de la part d'un tiers. Les peines varient en fonction de l'agression. »[74]

Voici un exemple qui vous donnera du courage

Bon bah je voulais aussi dire merci à la solidarité féminine…
Je rentrais et en attendant mon bus un monsieur qui me fixait s'est mis à me parler. J'avais un casque et j'ai fait comme si je l'entendais pas… En entrant dans le bus, il me suit et je regarde une jeune femme qui a compris ce qui se passait (j'avais sans doute l'air stressée) elle s'est levée et est venue se mettre debout juste à côté de moi… Le monsieur s'est décalé mais a continué à nous fixer…

Agression sexuelle dans la rue par plusieurs personnes

C'était ce matin. Je me dirigeais vers le métro. Un groupe d'homme m'interpelle, je les ignore. L'un d'entre eux court pour se mettre devant moi. Il m'arrache mon masque, me dit que ce n'est pas poli de pas dire bonjour. Un autre arrive par derrière, il m'attrape par les cheveux et me met à genoux. Je hurle. Ils m'arrachent mon écharpe et mon sac et partent.
J'ai couru pour rentrer chez moi et maintenant j'ai peur de sortir. Malgré tout, je me sens chanceuse de ne pas avoir été violée ou tuée.

Rappel : à partir du moment où il y a contact physique entre l'agresseur et la victime, il s'agit d'une agression sexuelle.

COMMENT RÉAGIR :

→ **S'ENFUIR :** la rue appartient à tout le monde. Toutefois, si vous sentez que vous êtes en danger, ne prenez pas de risques inutiles, enfuyez-vous.

→ **APPELER À L'AIDE :** n'hésitez pas à crier pour interpeller d'éventuel.les passant.e.s.

CE QUE DIT LA LOI :

« Constitue une agression sexuelle le fait de contraindre une personne par la violence, la menace ou la surprise à subir une atteinte sexuelle de la part d'un tiers[75]. Les agressions sexuelles autres que le viol sont punies de cinq ans d'emprisonnement et de 75 000 euros d'amende. L'infraction est punie de 7 ans d'emprisonnement et 100 000 euros d'amende lorsqu'elle est commise par plusieurs personnes agissant en qualité d'auteur ou de complice. »[76]

Agression sexuelle : « La main aux fesses »

J'étais au lycée, je devais avoir 15 ans. Je sortais de cours. Je marchais dans la rue et là un homme passe, me met la main aux fesses et me dit : « Femme à lunettes, femme à quéquette ». J'avais jamais vu ça comme du harcèlement de rue tellement ce genre de réflexion fait partie de notre quotidien maintenant. Même à 15 ans je l'avais déjà banalisé…

COMMENT RÉAGIR :

→ **FILMER :** dégainez votre téléphone, filmez et demandez à l'agresseur pourquoi il vient de vous toucher une partie intime. Cela vous permettra d'avoir sa réaction et son visage si vous souhaitez porter plainte. Pensez toujours à garder une distance de sécurité.

→ **CHERCHEZ UN TÉMOIN :** si quelqu'un autour de vous a vu la scène, demandez-lui s'il serait d'accord pour témoigner au cas où vous porteriez plainte.

CE QUE DIT LA LOI :

« Constitue une agression sexuelle le fait de contraindre une personne par la violence, la menace ou la surprise à subir une atteinte sexuelle de la part d'un tiers. Les peines varient en fonction de l'agression. »[77]

QUE FAIRE APRÈS L'AGRESSION ?

Le premier geste

Mettez-vous à l'abri. Entrez dans un restaurant, un café, un commerce.

Calmez-vous, respirez. Reprenez vos esprits.

Si c'est la nuit et que tout est fermé autour de vous, réfugiez-vous dans un lieu sûr (chez vous, chez un.e proche).Essayez de ne pas rester seul.e.

Essayez de ne pas rester seul.e.

Alertez les secours

Une fois que vous êtes à l'abri, que vous n'êtes plus essoufflé.e si vous avez couru, que vous vous êtes calmé.e, vous pouvez appeler les secours. En première intention, vous pouvez joindre la police au 17 (ou le 112, numéro d'urgence européen) pour leur expliquer les faits.

Si vous êtes dans l'incapacité de parler, il existe le numéro 114 auquel vous pouvez envoyer un SMS. Vous pourrez ainsi communiquer par écrit.

Si vous possédez des éléments de preuve, pensez à les rassembler si vous voulez aller porter plainte (contenu média, éventuelles traces d'ADN sur vous, témoins, etc.).

Faites-vous aider psychologiquement

Être traumatisé.e par une agression sexuelle n'a rien de banal. Il est tout à fait normal de ressentir différents types d'émotions, comme vous le verrez dans la partie « Se reconstruire après une agression », page 136.

Être traumatisé.e par une agression sexuelle n'a rien de banal.

POUR VOUS FAIRE ACCOMPAGNER, VOICI QUELQUES NUMÉROS QUI VOUS SERONT UTILES :

- **Violences Femmes Info au 3919 :** écoute, oriente et informe les victimes de violences. Ouvert du lundi au samedi de 9 h à 19 h. Appel anonyme ;
- **Numéro d'aide aux victimes au 116006 ou +33 (0)1 80 52 33 76 :** conseille et informe les victimes d'infractions 7/7 jours de 9 h à 19 h ; victimes@france-victimes.fr.

Tous les contacts nécessaires sont à retrouver en fin de livre dans l'annuaire global.

Je te crois.

LA GESTION DES ÉMOTIONS

#TEAMNOBRA

LA CULTURE DU VIOL

L'analyse des représentations associées par les Français.es à la pratique du « No bra » révèle l'ancrage de la culture du viol et des injonctions à la pudeur pesant sur les poitrines féminines : l'idée selon laquelle « le fait qu'une femme laisse apparaître ses tétons sous un haut devrait être, pour son agresseur, une circonstance atténuante en cas d'agression sexuelle » étant encore partagée par 20 % des Français.e.s.[78]

Dans notre société, si la victime ne crie pas, ne se débat pas, ne dit pas non, ne fuit pas, alors elle est consentante... pire, elle a dû aimer... Si elle n'est pas capable de se souvenir de tous les éléments présents lors de l'agression, alors il se peut qu'elle doute... Si l'agresseur était son conjoint ou ex-conjoint, elle ment probablement. Si elle portait une jupe, elle avait sûrement cherché à se faire agresser. Si elle porte plainte 6 ans après les faits, elle cherche sûrement à se venger de quelque chose. Elle invente. Si elle a accepté le rendez-vous, elle savait ce qui allait se passer. Elle n'est pas innocente.

Ça, c'est la culture du viol.[79]

Toutes les « affirmations » que vous avez pu lire dans le paragraphe précédent sont le quotidien de beaucoup de victimes. C'est ce qu'on appelle plus précisément la culpabilisation des victimes.

C'est la raison principale pour laquelle les victimes d'agressions sexuelles n'osent pas aller porter plainte. **Pour rappel, seulement 10 % des victimes de viol en France portent plainte et seulement 1,5 % à 2 % des agresseurs sont punis par la loi.**[80]

Les hashtags #jetecrois ou encore #tunespasseule sont largement relayés sur les réseaux sociaux pour apporter du soutien aux victimes de violences qui n'ont pas été écoutées ou crues lorsqu'elles ont partagé leur expérience douloureuse.

Ne pas les croire, c'est les agresser une seconde fois.

Soutenir une victime

Si dans votre entourage, une personne vous confie un traumatisme suite à une agression, je vous conseille d'être très bienveillant.e.

À chaque fois que j'ouvre un témoignage qui m'a été envoyé sur le compte Instagram, la première chose que je fais c'est de remercier la personne pour sa confiance. Parler du harcèlement ou une agression sexuelle n'est pas une tâche facile.

Souvent les victimes sont traumatisées et tentent de trouver une explication valable à ce qu'elles ont vécu (la tenue, l'heure de sortie, l'ambiguïté d'une relation, etc.), chose à laquelle je leur réponds : « Tu n'es pas coupable, tu n'es pas responsable de ce que tu as vécu, ne te remets pas en question ».

Rappelez-lui que la tenue ne justifie rien.

N'hésitez pas également à lui dire qu'elle peut aller porter plainte et que vous pouvez l'accompagner si iel en ressent le besoin.

Enfin, il est important de lui rappeler qu'il n'y a pas d'échelle du traumatisme et qu'une insulte dans la rue peut autant traumatiser quelqu'un qu'une agression sexuelle.

LE CONSENTEMENT

Consentir, c'est donner son accord. Le consentement sexuel, c'est donner son accord pour avoir une relation sexuelle.

L'ÉDUCATION DÈS LE PLUS JEUNE ÂGE

Tout commence ici. Ce mot qu'on entend très peu pendant notre enfance. On nous oblige à faire des bisous à d'autres enfants, on nous oblige à accepter des câlins même si l'on n'est pas tactile, on nous demande dès notre plus jeune âge qui est notre amoureux, notre amoureuse. Dès notre plus tendre enfance, nous sommes déjà obligé.e.s d'accepter des faits et des volontés de la société qui nous sont étrangers.

L'éducation au consentement commence quand on arrête de forcer les enfants à faire des choses qu'ielles ne veulent pas faire. Bien entendu, je ne parle pas de se laver, de faire les devoirs ou encore, d'être poli. Non, je parle des bisous forcés, des câlins, de monter sur les genoux de telle ou telle personne, etc. Le consentement, c'est écouter les enfants et respecter leurs choix.

« Demander, ça casse toute la vibe »

On va parler de couple, de relations intimes entre *sex friends* (ou pas), de sexe tout court. Il arrive très régulièrement qu'on me dise : « Non mais, tu sais… à ce moment-là… si tu poses la question, tu pètes la vibe, c'est plus naturel ».

Le consentement existe dans le couple ; il est même censé occuper une place majeure dans les relations intimes des différents individus.

Tu as le droit d'être *horny* et de changer d'avis au moment de la pénétration.

Tu as le droit d'avoir envie de faire du sexe oral et de changer d'avis en cours de route.

Tu as le droit de ne pas avoir envie de rapport sexuel.

Tu as le droit de ne pas avoir de libido sans t'autoflageller pour autant.

Dans n'importe quelle relation intime, il est primordial (qu'on soit amoureux.se ou qu'on ait juste envie de sexe) d'être à l'écoute de l'autre. Prenez le temps de communiquer sur ce que vous aimez, l'état d'esprit dans lequel vous êtes, votre envie (ou non) d'avoir un rapport sexuel maintenant. Soyez également attentifs au langage du corps : des gestes fermés, un visage absent, de la passivité… tous sont des signes de malaise.

« Je n'ai pas vraiment envie, mais je le fais quand même pour lui faire plaisir. »

Le consentement est obligatoire. Agir sans tenir compte du consentement d'autrui représente un viol et c'est pareil dans un couple.

Récemment, je parlais avec une amie qui me disait que selon elle, tous les hommes sont des violeurs. J'ai trouvé cette affirmation brutale et je lui ai demandé pourquoi elle pensait ça. Et elle m'a répondu « Je ne connais aucun mec qui n'a jamais forcé pour avoir une relation sexuelle. Forcer alors que tu lui fais comprendre que c'est pas le moment. Forcer alors que tu viens de dire que tu es fatiguée. Forcer alors que tu serres les jambes. ». Honnêtement, j'ai connu du *forcing* dans beaucoup de relations sexuelles que j'ai vécues. Je n'ai jamais identifié ça comme un viol, car je n'y avais pas vu la violence, et pourtant, c'était des rapports non consentis.

Voici quelques façons (faciles) de s'assurer du consentement de la personne avec qui vous êtes (si jamais ce n'est pas évident) :

Est-ce que tu aimes ça ?

Tu sais que tu peux me dire non à n'importe quel moment ?

Est-ce que tu vas bien ?

Est-ce que tu es d'accord ?

Préfères-tu attendre ?

LE CONSENTEMENT DANS LA RUE

On t'a déjà demandé si ça te dérange de te faire insulter dans la rue ? Si ça te met mal à l'aise d'être dévisagé.e ? Si ça te fait peur d'être suivi.e ? Si tu aimes être accosté.e ?

Le problème dans la rue, c'est que la notion de consentement est quasi-inexistante. La victime ne donne jamais son accord pour être sifflée, suivie, huée, attachée, violée.

On veut aller d'un point A à un point B sans avoir à gérer des ~~dragueurs~~ harceleurs de rue.

Typiquement, si en vous baladant, vous avez un crush pour une personne, ça ne veut pas dire que ça sera automatiquement réciproque. N'oubliez pas que la rue n'est pas un lieu de rencontre et de drague. Il existe des sites de rencontre ou des soirées chez des ami.e.s pour que la situation soit propice à la rencontre.

Si vous avez envie d'aller parler à votre « crush de rue », vous pouvez essayer de prendre la température. Si vous cherchez un « eye contact » (contact visuel), mais que la personne en face ne vous calcule pas, alors laissez tomber.

Si vous essayez de parler à cette personne, mais qu'elle vous ignore ou vous demande de la laisser tranquille, alors laissez tomber.

Si cette personne est occupée (au téléphone, en train de lire un magazine, de regarder une vitrine, etc.), alors elle n'a pas envie d'être abordée. Tout simplement parce qu'elle est occupée.

Si elle est en train de faire un footing, il y a vraiment très peu de chances qu'elle soit ouverte à une rencontre. **43 % des femmes sont harcelées pendant leur footing et 54 % d'entre elles ont peur d'être agressées. Pour 80 % de ces joggeuses, les interruptions et les remarques qu'elles subissent pendant leur footing sont un réel dérangement[81].** Ça vous étonne ?

Ce n'est pas compliqué, c'est une question de bon sens. Mettez-vous à sa place : si on vous aborde alors que vous n'avez pas envie, que vous êtes occupé.e, mais qu'on insiste… quelle sera votre réaction ?

ALLER VERS LA GUÉRISON

J'ai fait appel à Valentina Meier, une amie et naturopathe spécialisée en gestion du stress et des émotions, pour qu'elle vous livre ses conseils pour comprendre ce qui se passe lorsqu'on est en état de stress post-traumatique et pour aller vers la guérison. Je travaille avec elle depuis des années sur les traumatismes qui ont bouleversé ma vie et ses conseils ont toujours été très précieux.

Évidemment, je vous invite tous.tes à prendre rendez-vous avec le.la thérapeute de votre choix pour faire une thérapie de fond.

SE RECONSTRUIRE APRÈS UNE AGRESSION

Le traumatisme

La psychanalyse définit le traumatisme comme un événement grave vécu par un individu qui ne peut l'assimiler.[82] Une agression, qu'elle soit verbale ou physique, peut avoir des retentissements forts sur le psychisme d'un être humain. L'agression verbale, comme les commentaires non désirés ou l'insistance outrancière, est minimisée et peut être vécue aussi violemment qu'une agression physique. Nous ne sommes pas tous.tes égaux.les face aux répercussions d'un traumatisme. Cela s'explique par la construction de l'individu : son éducation, ses expériences passées, mais aussi son propre système de croyances.

Lorsqu'on vit un traumatisme, l'idéal est de le prendre en charge rapidement.

Néanmoins, on constate que beaucoup de femmes le laissent de côté pendant des années pour des raisons qui leur appartiennent. Mais rappelez-vous, mieux vaut le traiter tard que jamais, quand vous serez prêt.e. L'important, c'est de panser la blessure et de s'en défaire.

Plusieurs phases construisent le traumatisme : le choc, la réadaptation, l'acceptation et la reconstruction. Si ce processus n'est pas réalisé correctement, vous pourrez souffrir de syndrome de stress post-traumatique[83].

Le choc : le moment le plus intense

C'est le moment durant lequel une grande quantité d'émotions, sensées ou non, se bousculent chez la victime. Face au choc, on peut, dans certains cas, observer une première phase de déni, un refus de croire ce qu'on a vécu, une volonté de l'effacer de sa mémoire. D'autres peuvent faire face à une sidération, une amnésie occultant le choc, car il est trop compliqué à gérer pour leur esprit. Le quotidien des victimes peut être impacté en se manifestant par des signes d'agitation, une anxiété accrue, de l'irritabilité, des pleurs, des tremblements ou encore, un rejet de l'extérieur et du cercle proche.

La réadaptation : la vie continue

Après le choc, les victimes cherchent à retrouver leurs marques et une vie normale. Elles essaient de sortir de la tête de l'eau, de contrôler leurs émotions, de se reprendre en main. Elles survivent.

Il arrive régulièrement que les victimes changent du tout au tout : nouvelle ville, nouvelle coiffure. Tout est bénéfique tant que ça permet de recommencer sa vie sur de nouvelles bases.

Acceptation, intégration et reconstruction

Une fois que le choc est passé, que la victime a réussi à se persuader que la vie continue, elle entre dans une phase de reconstruction et de consolidation.

C'est souvent à ce moment-là que les langues se délient et que les victimes ressentent le besoin de parler, de mettre en lumière ce qu'elles ont vécu et ressenti. Régulièrement, je constate que les victimes que je reçois à ce moment du processus débordent de colère envers leur agresseur.

Si cette étape est occultée, les victimes peuvent entrer dans une phase de stress post-traumatique.

Syndrome de stress post-traumatique (TSPT)

Ce syndrome apparaît lorsque le traumatisme est trop lourd à gérer, que notre cerveau n'arrive pas à l'intégrer ou que le travail de reconstruction n'a pas été fait correctement. C'est le moment où le cerveau vous dit : « Il va falloir t'en occuper, sinon je ne vais pas te laisser tranquille ! ».

Insomnies, cauchemars, peurs, angoisses, troubles du comportement et de l'humeur... On pense souvent que seules les victimes d'agressions très violentes souffrent de TSPT ; or,ce n'est pas une vérité absolue.

J'ai rencontré de nombreuses femmes qui ont subi des agressions verbales ou physiques au cours de leur vie et qui n'en ont toujours pas parlé.

Pourquoi les victimes ne parlent pas ?

La honte

Cette émotion est la plus taboue. Posez-vous la question : qui aime parler de ses hontes ? Malheureusement, dans la plupart des cas, après une agression (surtout sexuelle), on se sent honteux.se, fragile, sali.e. On préfère garder ça pour soi. Si c'est votre cas, rappelez-vous que peu importe ce que l'on vous a fait vivre, *Plus fort que le glaive est mon esprit.*[84]

Le déni

Le déni consiste à occulter l'événement pour le tenir le plus loin possible de soi et qu'il n'ait aucune emprise sur sa vie. L'ignorance est parfois plus facile, c'est un peu toute l'histoire de la citation : *On ne souffre pas de ce que l'on ne sait pas*[85].

Face à des traumatismes vécus, le cerveau va garder des mémoires, souvent inconscientes, qui, à la moindre approche d'une expérience similaire, enverra des réactions parfois inadaptées à la situation.

Si vous pensez que c'est votre cas, rappelez-vous que vous pouvez rendre votre quotidien bien meilleur qu'il ne l'est actuellement.

Les croyances limitantes

Elles se gravent en nous *via* nos expériences de vie, des choses vues ou entendues. Elles ne surviennent pas par hasard. Quand nous venons au monde, nous n'avons aucune croyance.

> **« Les hommes qui ont beaucoup de partenaires sont des Don Juan, les femmes quant à elles sont des putes. »**
>
> **« Une femme doit s'occuper du foyer et des enfants ! »**
>
> **« Une femme a besoin d'être défendue et entretenue, car elle ne peut pas le faire seule ! »**
>
> **« J'ai voulu porter plainte, mais je sais que la police ne me croira pas. »**
>
> **« Je me suis fait agresser, car ma jupe était trop courte. »**
>
> **« On m'a agressé.e, j'étais saoul.e, je ne suis pas crédible. »**

Toutes ces fausses affirmations ancrées dans la société sont des croyances limitantes et réductrices.

Elles conditionnent votre esprit, vos croyances, vos gestes, ce qui va émaner de vous, mais aussi votre façon d'agir. Je suis sûre que vous vous reconnaissez dans l'une de ces phrases ou que d'autres vous viennent à l'esprit. Ce n'est pas parce que certaines choses sont arrivées à d'autres personnes que c'est forcément une généralité. Nous vivons tous.tes des expériences différentes.

Plus les victimes en parleront, verbaliseront et demanderont que justice soit faite, plus leur crédibilité sera appuyée.

Le chemin vers la guérison

Pour pouvoir travailler sur le traumatisme, il est nécessaire de passer par plusieurs étapes afin de ne plus être pollué.e par cet acte infligé et non désiré. Si on ne le nettoie pas, les cicatrices qu'il a laissées peuvent impacter votre vie et vos rapports avec vos proches. Le cerveau garde des mémoires inconscientes qui établissent des parallèles avec de nouvelles situations.

> *Je me rappelle l'histoire d'une femme qui m'avait parlé d'une agression pendant laquelle elle avait été surprise par derrière. Elle était alors tombée à plat ventre sur le sol. Depuis cette agression, elle ne peut même plus se laisser tomber en avant sur son propre lit.*

La mémoire s'inscrit dans notre cerveau, dans nos gestes et même, dans notre corps. C'est un processus normal et inconscient. Toutefois, ne pas considérer ses souvenirs peut rendre le quotidien handicapant.

La verbalisation

Cette étape est cruciale, car elle fait foi de la reconnaissance, mais aussi de l'acceptation qu'il y a eu d'un acte non désiré. Quand je parle d'acte, je ne fais pas seulement état d'une agression sexuelle, mais de toutes les choses que l'on vous aura infligées et que vous n'avez ni demandées, ni consenti.

Verbaliser, s'exprimer, mettre des mots sur quelque chose qui nous a blessé.e.s, qui fait encore mal ou qui nous fait honte peut être très pénible. Toutefois, c'est libérateur, salvateur et surtout, extrêmement nécessaire pour avancer dans son processus de guérison. Et ce que l'on veut surtout, c'est se débarrasser de ce traumatisme. Quelle plus grande force y a-t-il que de ne plus se sentir victime ?

Le travail à faire sur soi

Pour cette partie, je vous recommande d'être encadré.e par un thérapeute ou un groupe de soutien pour faire une introspection plus personnelle, plus claire et objective qu'on aurait du mal à faire seul.e.

J'attire votre attention sur le choix de votre thérapeute. Il est crucial d'avoir confiance en lui.elle. Il est indispensable d'avoir de la bienveillance et de la confiance. Si vous n'êtes pas à l'aise avec la personne qui vous accompagne, changez, mais ne vous arrêtez pas en cours de route. Ce n'est pas parce qu'une personne ne vous a pas convenue dans son approche que toute la technique est à remettre en question et qu'une autre personne ne vous conviendrait pas mieux.

À chacun.e sa technique,
à chacun.e son thérapeute.

Dans des cas sévères, il peut être recommandé d'être accompagné.e par un.e psychiatre, un.e psychologue ou un.e psychothérapeute.

Chaque spécialiste ci-dessus peut aussi avoir suivi des formations complémentaires comme l'EMDR[86] ou l'hypnose.

L'EMDR est une technique américaine qui utilise le mouvement oculaire ou les stimuli auditifs pour travailler en profondeur sur les stress post-traumatiques. Chaque séance est ciblée et adaptée aux traumatismes dont vous souhaitez vous libérer. C'est une thérapie brève qui peut s'effectuer en une dizaine de séances.

Il existe de nombreuses autres techniques qui peuvent également vous correspondre : la sophrologie, la kinésiologie, la méthode TIPI[87], la méthode NERTI[88], la micro-kinésithérapie[89], l'*Emotional Freedom Tapping* (EFT)[90] ou encore, l'hypnose.

Encore une fois, c'est à vous de choisir selon vos propres besoins et ce qui vous inspire le plus. L'important, c'est VOUS et seulement VOUS.

Le pardon

Pardonner n'est pas abdiquer.

Cette partie est l'une des plus sensibles du processus de guérison, mais également la plus essentielle. Si déjà, ce mot vous fait mal ou vous révulse, n'hésitez pas à sauter cette partie, vous y reviendrez le moment venu.

Comment peut-on pardonner à quelqu'un qui vous a blessé.e, qui a touché à votre intégrité, qui vous a fait vous sentir fragile et faible ?

Avec le temps et l'expérience, on s'aperçoit que le pardon est souvent l'étape clé vers sa propre liberté. Être harcelé.e ou agressé.e est anormal, indécent, injuste et injustifiable. Nous n'avons pas à le cautionner. Toutefois, nous apprenons à vivre avec. Nous nous reconstruisons. Il vaut mieux composer avec son passé et pardonner plutôt que se battre contre.

Après les étapes de l'incompréhension, de la colère et de la rage, de la honte et de la tristesse, le moment viendra de pardonner.

Même si ça peut paraître impensable et inimaginable, afin de pouvoir avancer dans sa vie, il est nécessaire d'accepter que vous avez été victime d'un acte traumatisant. Vous ne pouvez pas revenir en arrière. Le pardon consiste à accepter cet événement, reconnaître les failles de la personne qui vous a infligé le traumatisme et vous pardonner vos propres failles. Il est la libération de la colère et de la haine que l'on peut ressentir. Le pardon n'est pas un acte de faiblesse ou de soumission. Au contraire, il est synonyme d'intelligence et de force. Pardonner prend du temps, mais vous y trouverez de la sérénité.

"

Pardonner est une action plus noble et plus rare que celle de se venger.

"

William Shakespeare

Les émotions

Une expérience traumatisante implique de ressentir une multitude d'émotions. Il est essentiel de les accueillir, de les accepter et de les comprendre. Beaucoup de victimes choisissent de se voiler la face pour se dégager de leurs émotions. Une croyance limitante très répandue implique que ressentir de la tristesse ou de la sensibilité traduit une faiblesse. Bien au contraire, cela veut dire que vous vous écoutez et que vous êtes honnêtes avec vous-même.

Une agression verbale peut entraîner diverses émotions comme : la peur de l'extérieur, des autres, la peur que ça se répète, la colère envers l'agresseur, la colère envers son incapacité à réagir comme on le voudrait, la tristesse d'avoir été blessé.e, le dégoût de l'acte, de soi et de l'agresseur. Ces émotions se répercutent sur notre personnalité et se manifestent par de l'incompréhension, de la honte, de la culpabilité, un sentiment de faiblesse, l'impression d'être sali.e.

En fonction de votre traumatisme, ces émotions peuvent être amplifiées ou plus discrètes. Il s'agit là d'un processus physiologique et psychologique obligatoire et nécessaire pour vous donner des indications, des directions, des pistes de travail à suivre. Accueillez, remerciez et avancez.

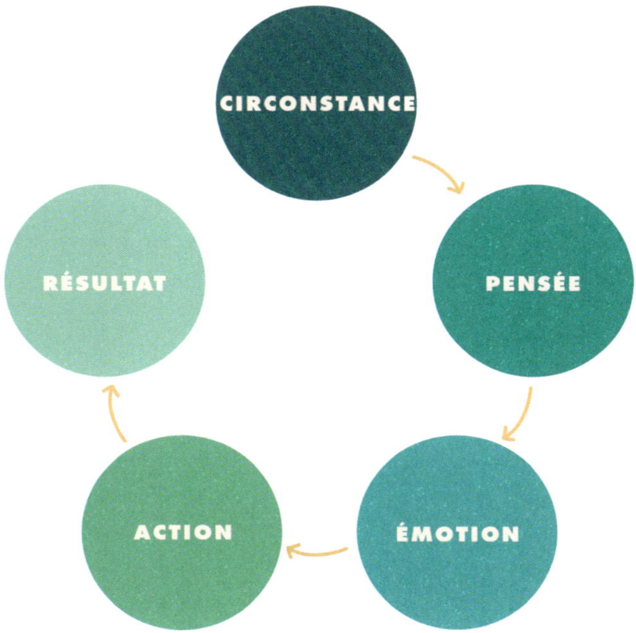

La clé pour gérer ses émotions est donc de travailler sur sa pensée, ses croyances, sa façon de voir les choses. Voici un exemple :

CIRCONSTANCE : Ma copine a été agressée il y a quelques mois.

PENSÉE : « Il fait chaud aujourd'hui ! Tiens je vais mettre une jupe ! Bon, celle-ci est un peu courte, on va me regarder… On pourrait me faire une réflexion… Ça me met mal à l'aise et puis on pourrait m'agresser… »

ÉMOTION : J'ai peur.

ACTION : Je vais plutôt mettre un jean.

RÉSULTAT : La circonstance initiale a conduit à un acte inadapté à la température.

Si vous gérez votre pensée, vous gérez vos émotions.

Astuces pour gérer le stress

La respiration

C'est la première clé antistress à utiliser, car elle vous permettra de focaliser votre esprit sur autre chose que votre angoisse montante, mais aussi de détendre le diaphragme[91]. Vous pouvez faire de la respiration abdominale (par le ventre) ou complète (alternant pôles thoracique et abdominal).

Je recommande souvent deux applications :
- **Respirelax** pour faire de la cohérence cardiaque[92] ;
- **Petit Bambou** pour pratiquer la méditation guidée.

Les compléments alimentaires

Vous ne serez jamais mieux conseillé.e que par un.e thérapeute, qui prendra le temps de faire votre bilan complet. Toutefois, il existe des compléments que vous pouvez déjà prendre pour soulager votre stress ; le magnésium, par exemple, calme, détend et permet de mieux dormir.

Les Fleurs de Bach

Ce sont des élixirs floraux qui visent à calmer et apaiser les émotions. Il en existe 38 Originales qui pourront s'adapter parfaitement à votre état émotionnel du moment, mais il existe aussi des mélanges comme le Rescue (Bach Origina®), l'Assistance (Deva®) ou l'Urgence (Élixirs and Co®)[93] qui sont des remèdes d'urgence à prendre en première intention pour une action plus vaste.

Il est à la portée de l'humain de se relever d'une agression, de s'en libérer même si, au moment où vous lisez ces lignes, vous imaginez une montagne impossible à gravir.

Que vous ayez vécu des événements durs, innommables, que vous vous soyez senti.e offusqué.e, blessé.e, humilié.e ou souillé.e, n'oubliez jamais de vous aimer le plus fort possible. Respectez-vous chaque jour dans ce que vous êtes, dans ce que vous désirez, mais aussi dans vos gestes et vos paroles, même si d'autres ne l'ont pas toujours fait.

Mais surtout, soyez toujours bienveillant.e. envers vous-même. Traitez-vous avec tendresse, douceur et amour inconditionnel.

Rappelez-vous que quoi que l'on ait pu vous dire un jour, vous êtes et resterez la personne la plus importante pour vous-même. Ne l'oubliez jamais, n'en doutez jamais et ne le remettez jamais en question.

Valentina Meier, naturopathe, gestion du stress et des émotions

CHAQUE PERSONNE RÉAGIT À SA MANIÈRE

IL N'Y A AUCUNE
HONTE À PLEURER,
À CRIER, À ÊTRE
MALHEUREUX.SE,
À ÊTRE ÉNERVÉ.E

JE N'AI PAS MÉRITÉ CE
QUI VIENT DE SE
PASSER.

CE N'EST PAS DE MA FAUTE.

C'EST NON

Conclusion

Wow, on y est. Quelques dizaines de pages plus tard, alors que je ne pensais même pas être capable de faire un plan en trois parties…

Je dois avouer qu'écrire ce livre a été l'une des choses les plus éprouvantes que j'aie jamais faites. Je me suis énervée, j'ai pleuré, j'ai passé des nuits blanches, j'ai été épuisée, j'ai craqué, j'ai douté de moi, j'ai oublié ma vie personnelle, j'ai bossé tard la nuit, j'ai fait des crises d'angoisse, j'ai eu des difficultés à gérer mes autres projets, mais… qu'est-ce que je suis fière de voir ce projet aboutir !

Je n'aurais pas pu écrire ce livre sans le soutien de nombreuses personnes qui se reconnaîtront.

Il me semble évident de commencer par remercier Mathilde et Alexia, avec qui j'ai tout construit. Du premier email aux groupes Whatsapp nuit et jour, en passant par les calls et les réunions interminables… On a parlé de nos vies, de nos expériences avec les hommes, avec les femmes aussi, de ce projet fou, de nos tripes qu'on y a mises, de nos vies entre parenthèses pendant ces mois entiers de travail. Alors, merci mon gang !

Marianne, je t'ai connue avant le projet, on en a parlé, tu m'as conseillée et tu as toujours été là pour moi. Alors qu'on ne se connaissait pas du tout. Mais tu as pris sur ton micro-temps libre pour me conseiller, m'écouter, m'encourager quand je doutais. Rien n'arrive par hasard, tu étais sur la route de ma vie.

Papa, maman, Vicky, même à distance, vous avez su me donner votre amour, me transmettre votre force. Désolée pour ce Noël 2020 où j'ai passé la moitié du temps devant mon écran pour envoyer mon premier rendu. Mais être avec vous m'a donné une force indescriptible. Merci d'être les rayons de soleil de ma vie.

Émile, tmtc j'ai envie de dire. Tu es clairement celui qui a pris le plus cher dans mon entourage. Tu as été là tous les jours à venir me faire discrètement un bisou dans le cou, à m'apporter un café surprise, à me répéter 4 fois la même question parce que je hochais la tête, mais je ne t'entendais pas. Tu n'as jamais voulu lire le livre avant qu'il sorte, j'espère qu'il te plaira.

À ma team berlinoise, Laure, Hugo, Claire, Miki, Miha. Entre apéros interdits (oulala, Angela sera pas contente !), promenades dans le froid, soirées arrosées et votre soutien quasi-quotidien, je dois dire que je suis chanceuse de vous avoir rencontré.e.s. Vous avez rendu mon passage berlinois plus chaleureux. Promis, on ne parlera plus de féminisme à chaque fois !

Je n'oublie pas ma team française : Lubomira, Maguy, Noémie, Fleur, Malvina, Laura, Valentina, Rebecca (merci pour la relecture), Lamya, Delphine, Caro. Grosse team de meufs.

Merci Valentina, mon amie, d'avoir accepté de partager ton savoir dans la troisième partie de ce livre. Tu es ma naturo depuis des années maintenant et je suis plus que convaincue de ta capacité à aider les gens, à les comprendre, à les écouter et à les croire. Toutes ces qualités font de toi quelqu'un d'unique. Je suis sûre que tu auras aidé les gens qui auront lu ce livre.

Sans oublier l'équipe Instagram, avec quelques abonné.e.s qui se reconnaîtront.

Viennent ensuite toutes les personnes qui ont contribué à l'écriture de ce livre *via* des interviews, des appels tard le soir, des emails quotidiens, etc.

Roxane : emoji des deux mains qui se rejoignent. Un immense merci à toi pour ton investissement dans ce projet. Tu m'as été d'une grande aide pour rassembler les interviews et jouer les intermédiaires.

J'en profite pour remercier les équipes de L'Oréal Paris, de Hollaback!, de La Fondation des femmes pour leur soutien et le temps qu'elles ont consacré au projet.

Un grand merci à Élise et Thomas de SOS Femmes Solidarité 67. Je suis reconnaissante du temps que vous m'aviez donné il y a quelques années quand j'étais venue vous rendre visite. Je suis encore plus touchée du temps que vous avez pris pour compléter mon propos sur les violences conjugales.

Merci aussi à l'équipe de @balancetonagency d'avoir pris le temps de partager avec moi des informations nécessaires et utiles.

Enfin, je vous remercie vous. Je vous remercie d'avoir lu ce livre, de l'avoir acheté, prêté, conseillé, emprunté, offert, donné.

Amicalement,

Emanouela.

LEXIQUE

- **Allié du féminisme ou pro-féministe :** On parle d'allié féministe lorsqu'un homme comprend les revendications et les luttes des féministes et souhaite les soutenir, activement ou pas.
- **Bisexuel.le :** Personne attirée par les deux genres (masculin et féminin).
- **Cisgenre :** Être cisgenre, c'est avoir l'identité de genre qui correspond au sexe qu'on a eu à la naissance (homme ou femme).
- **Dick pic :** Photo des parties génitales masculines (littéralement « photo de pénis »).
- **Écriture inclusive :** L'objectif premier de l'écriture inclusive est de faire tomber les barrières genrées dans les écrits. Dans la langue française, on remarquera que la plupart du temps, quand on s'adresse à un groupe de plusieurs genres, le pronom sera systématiquement masculin. C'est la règle : le masculin l'emporte sur le féminin.
- **Féminicide :** Meurtre d'une femme en raison de son sexe féminin.
- **Féminisme :** Mouvement, lutte en faveur de l'obtention de l'égalité des droits entre les femmes et les hommes.
- **Homosexuel.le :** Personne éprouvant une attirance sexuelle pour des personnes du même sexe.
- **Inclusivité :** Contrairement à l'exclusivité, le concept d'inclusivité consiste à prendre en considération l'ensemble de la population, quel que soit le genre, l'origine, le sexe.
- **Lesbienne :** Femme éprouvant une attirance sexuelle pour d'autres femmes.
- **Mansplaining :** Explication par à un homme à une femme de ce qu'elle doit faire ou comment elle doit le faire.

- **Misogynie :** Mépris, haine, hostilité envers les femmes.
- **Non-binaire :** Non-binaire signifie qu'un individu ne se catégorise pas au genre féminin ou masculin. C'est une identité de genre à part entière.
- **Pansexuel.le :** La pansexualité consiste à être attiré.e par une personne quel que soit son genre, son sexe ou sa sexualité.
- **Patriarcat :** Organisation sociale dans laquelle l'homme a le pouvoir sur la femme (dans la famille, dans les domaines politique, religieux, économique).
- **Privilège :** Avantage particulier donné à une catégorie sociale ou à un groupe d'individus. Cela leur confère un droit que les autres n'ont pas.
- **Queer :** Le terme évoque la déconstruction des normes de genre et de sexualité. C'est un symbole de libération des normes sociales hétéronormatives.
- **Revenge porn :** Publication de photos ou de vidéos à caractère sexuel ou explicite d'une autre personne sans son consentement, dans le but de se venger. La plupart du temps, cela provient d'une ancienne relation sexuelle ou amoureuse.
- **Shadowban/shadow banned :** Restriction de profil par l'algorithme d'Instagram pour différentes raisons (pas toujours justes). Lorsque vous êtes shadow banned, vos publications ne sont plus mises en avant auprès de vos abonné.e.s et vous perdez en visibilité.
- **Slut shaming :** Pratique consistant à dénigrer une fille, une femme ou une personne sexisé.e, en fonction de son comportement sexuel sur les réseaux (photos avec décolleté, maquillage, tenues vestimentaires, nombre de partenaires, etc.).
- **Sororité :** Solidarité féminine. Même principe que la fraternité, mais au féminin.

- **Stealthing :** Consiste à retirer son préservatif pendant un rapport sans le consentement de son.sa partenaire.

- **Transgenre :** Contraire de cisgenre. Il s'agit d'un terme qui désigne les personnes dont le genre actuel n'est pas celui de leur naissance.

- **Trigger Warning :** C'est une mise en garde face à un contenu qui pourrait être choquant (comme une agression ou encore un viol par exemple). Le but en l'annonçant est de protéger le.la lecteu.rice.

- **Upskirting :** Consiste à prendre des photos des parties intimes des victimes sous leurs jupes/robes en toute discrétion.

- **Victim-blaming :** Concept de responsabilisation et de culpabilisation des victimes pour retourner la situation et les rendre responsables de l'agression qu'elles ont subie.

JE VOUS RECOMMANDE…

À lire

- *Les mots pour combattre le sexisme,* de Jessie Magana et Alexandre Messager, éditions Syros
- *Tu seras un homme – féministe – mon fils,* d'Aurélia Blanc, éditions Marabout
- *Présentes,* de Lauren Bastide, éditions Allary
- *Non c'est non !*, de Nadia Leïla Aïssaoui et Édith Carron, éditions Actes Sud Junior
- *Les droits des femmes face aux violences*, de Marlène Schiappa, éditions Dalloz
- *Le harcèlement sexuel*, de Muriel Salmona, éditions Que sais-je ?
- *Victimes de harcèlement sexuel : se défendre*, de Claude Katz, éditions Le Bord de l'Eau
- *Les violences faites aux femmes*, collectif, éditions La Route de la Soie
- *Harcèlement, inventaire pour ne plus se taire*, de Maria Frade et Emma Strack, éditions La Martinière
- *Le harcèlement expliqué aux enfants*, de Mon Quotidien, éditions Playbac
- *Nous sommes tous féministes*, de Chimamanda Ngozi Adichie, éditions Folio
- *Défense des droits des femmes*, de Mary Wollstonecraft, éditions Folio
- *Rebellez-vous*, de Marie Laguerre et Laurène Daycard, éditions L'iconoclaste
- *#Balance ta Bulle*, éditions Massot
- *She said*, de Jodi Kantor et Megan Twohey, éditions Alisio
- *Quartier Libre*, de Vincent Lahouze, édition Michel Lafon
- *King Kong théorie*, de Virginie Despentes, éditions Le Livre de poche
- *Corps public*, de Mathilde Ramadier et Camille Ulrich, Éditions du Faubourg
- *Le féminisme Washing*, de Léa Lejeune, éditions du Seuil

- *Herstory. Histoire(s) des féminismes*, de Marie Kirschen et Anna Wanda Gogusey, éditions Ville Brûle
- *Tout le monde peut être féministe*, de Bell Hooks, éditions Divergences

À écouter

- « Comment faire pour que les hommes arrêtent de violer ? » – *Mansplaining*, Slate.
- « Coller et afficher des messages dans la rue » – *Les Grandes Girls.*
- « Notre colère sur vos murs » – *La Poudre*, Nouvelles écoutes.
- « Violences faites aux femmes » – *Les Grandes Girls.*
- « J'élève mon fils » – *Les couilles sur la table*, Binge Audio.
- « Le cyberharcèlement avec Juliette Katz » – *Hopla podcast.*
- Le podcast « Cœur sur la table », de Victoire Tuaillon, Binge Audio.
- Le podcast « Coming out », de Elise Goldfarb et Julia Layani.
- Le podcast « Mécréantes », de Léane Délanchy.
- « Emanouela, disbonjoursalepute, multiprojets et féministe » – Épisode 31 « Le rdv des audacieux »
- « Une culture du viol à la française » – Valérie Rey Robert – Le deuxième texte.

À regarder

- *13 Reasons Why* – série sur le cyberharcèlement en milieu scolaire – Netflix
- *Je suis championne de France de cyberharcèlement*, TedX – Marion Seclin
- *Mignonnes* – film sur l'hypersexualisation des corps des adolescentes – Netflix
- *Libres* – Arte.
- *Je ne suis pas une salope, je suis journaliste* – Marie Portolano
- *I May destroy You* – Série
- *Handmades Tale* – Série
- *Sex Education* – Netflix

LES COMPTES INSTAGRAM À SUIVRE EN FRANCE :

- **@balancetonagency**
  Dénonciation de sexisme, racisme, homophobie, harcèlement sexuel et moral dans la publicité.
- **@musictoofrance**
  Collectif anonyme contre les violences sexistes et sexuelles dans l'industrie musicale.
- **@stop.fisha**
  Association de lutte contre le cybersexisme. Traque des comptes fisha. Aide juridique.
- **@enavanttoutes**
  Association féministe inclusive pour la fin des violences faites aux femmes et aux LGBTQIA+.
- **@noustoutesorg**
  Mouvement de lutte contre les violences sexistes et sexuelles.
- **@pepitesexiste**
  Association de sensibilisation aux stéréotypes diffusés par le marketing.
- **@sos_sexismes_officiel**
  Compte de sensibilisation aux sexismes et aux violences sexuelles.
- **@fondationdesfemmes**
  Première structure de collecte en France qui œuvre en faveur de l'égalité femmes-hommes et lutte contre les violences faites aux femmes.
- **@wondher**
  Lutte pour l'égalité des genres.
- **@putaindeguerrieres**
  Association luttant contre les violences conjugales.

– **@soeurcieres_caen**
Collectif féministe intersectionnel.
– **@jeporteplainte_**
Tribune pour les paroles de femmes mises en doute ou classées sans suite.
– **@olympereve**
Juriste, décrypteuse d'actualité.
– **@lamaisondesfemmes93**
La Maison des femmes soigne et accompagne toutes les femmes en difficulté ou victimes de violences.
– **@mecreantes**
Lutte contre le sexisme des genres.
– **@dans_la_bouche_dune_fille**
Collectif de femmes qui témoignent du sexisme quotidien et des stéréotypes du genre.
– **@gangduclito**
Féministe. Lutte contre le sexisme genré.
– **@taspensea**
Témoignages sur la charge mentale.
– **@jemenbatsleclito**
Camille lève tous les tabous autour du corps de la femme.
– **@the_s. i. m. o.n.e.s**
Média féministe.
– **@asso_ru.elles**
Association de lutte contre les violences sexistes dans l'espace public.
– **@preparez_vous_pour_la_bagarre**
Recueil et analyse du discours sexiste dans les médias.

LES COMPTES INSTAGRAM À SUIVRE DANS LE MONDE :

- **@metoomvmt**
  Association de lutte contre les violences sexuelles.
- **@ihollagram**
  Lutte contre le harcèlement sous toutes ses formes.
- **@heforshe**
  Campagne de solidarité pour l'égalité des genres lancée par l'ONU Femmes.
- **@memespourcoolkidsfeministes**
  Lutte pour les combats féministes à travers des *memes*.
- **@ourstreetsnow**
  Campagne pour mettre fin au harcèlement sexuel dans l'espace public du Royaume-Uni.
- **@thisisaliceskinner**
  Illustratrice féministe londonienne.
- **@oursharedshelf**
  Club de lecture féministe fondé par Emma Watson.

CONTACTS UTILES

Certains seront identiques dans plusieurs catégories, tout simplement parce qu'ils peuvent être contactés pour diverses raisons.

Retrouvez l'ensemble des contacts sur www.dbsp.fr

En situation d'urgence pour tout type d'harcèlement ou de violences :

- **Numéro d'urgence en France :** 17
- **Numéro d'urgence européen :** 112
- **Numéro d'urgence si vous ne pouvez pas parler, êtes sourd.e.s ou malentendant.e.s :** 114
- **Tchat anonyme avec la police, 24/24h :** https://www.service-public.fr/cmi

Contacts utiles pour le harcèlement dans l'espace public :

- 3919 : **Violences Femmes Info**
- 3117 : **numéro d'urgence dans les transports en commun (réseau Transilien)**
- 0800 05 95 95 : **SOS Viols**
- 01 40 47 06 06 : **Écoute Violences Femmes Handicapées**

Associations de lutte contre les violences sexistes et sexuelles :

- **Fédération Nationale Solidarité Femmes (FNSF)**
  Accompagnement des femmes victimes de violences sexistes et sexuelles Gestion du numéro 3919 « Violences Femmes Info » www.solidaritefemmes.org

- **Fédération nationale des Centres d'Information sur les Droits des Femmes et des Familles (FN CIDFF)**
  Lutte contre les discriminations sexistes, autonomie des femmes et des familles en accès aux droits des femmes, promotion de l'égalité homme-femme www.infofemmes.com

- **Collectif Féministe Contre le Viol (CFCV)**
  Aide et soutien pour toutes les personnes victimes de violences et d'agressions sexuelles. Permanence téléphonique « Viols femmes informations » 0 800 05 95 95 www.cfcv.asso

- **Mouvement français pour le planning familial (MFPF)**
  Réseau d'associations départementales et de fédérations régionales qui milite pour le droit à l'éducation à la sexualité, la contraception, l'avortement, l'égalité entre les femmes et les hommes, combat toutes formes de discriminations. Numéro vert : 8 800 08 11 11 www.planning-familial.org

- **Femmes solidaires**
  Réseau de 190 associations locales (métropole et DOM TOM), mouvement féministe d'éducation populaire www.femmes-solidaires.org

- **Fédération Nationale GAMS**
  Engagée dans la lutte contre toutes les formes de violences faites aux femmes, aux adolescentes, aux mineures. www.federationgams.org

– **Voix de femmes**

Lutte contre le mariage forcé, le crédit d'honneur et toute autre violence www.association-voixdefemmes.fr

– **Association européenne contre les Violences faites aux femmes (AVFT)**

Lutte contre toutes les formes de violences contre les femmes. Spécialisée dans la dénonciation des discriminations sexistes et des violences sexistes et sexuelles au travail. www.avft.org

– **Femmes pour le dire Femmes pour agir (FDFA)**

Lutte contre la double discrimination d'être une femme et handicapée. www.fdfa.fr

– **En Avant toutes**

Actions auprès des jeunes pour sensibiliser et changer les comportements sexistes. Tchat en ligne : www.enavanttoutes.fr

– **Fondation des femmes**

Structure qui gère les fonds récoltés lors de collectes auprès des particuliers pour les redistribuer vers les associations. www.fondationdesfemmes.org

– **France Victimes**

Réseau de 130 associations venant en aide aux victimes de toute infraction pénale, de terrorisme, d'accidents collectifs ou autres. Ligne d'appel : 116006 www.france-victimes.fr

– **Fédération Nationale des associations et des centres de prise en charge d'auteurs de violences conjugales et familiales (FNACAV)**

Constituée de 36 structures, la FNACAV promeut le développement de centres spécialisés dans la prise en charge des auteurs de violences conjugales et familiales. Numéro d'écoute à destination des auteurs de violences : 08 019 019 11 www.fnacav.fr

– **Mag Jeunes**
Association d'accompagnement autour de la santé sexuelle des jeunes lesbiennes, gays, bi et trans. www.mag-jeunes.com

– **Le Refuge**
Prévenir l'isolement et le suicide des jeunes LGBT+ de 14 à 25 ans, victimes d'homophobie, de transphobie ou en situation de rupture familiale. Urgence 24/24 h : 06 31 59 69 50 (appel ou SMS) www.le-refuge.org

– **SOS homophobie**
Lutte contre la lesbophobie, la gayphobie, la biphobie, et la transphobie Ligne d'écoute : 01 48 06 42 41. www.sos-homophobie.org

Pour trouver des associations locales proches de chez vous : www.arretonslesviolences.gouv.fr/associations-de-lutte-contre-les-violences-sexistes-et-sexuelles/associations

Contacts utiles pour les violences conjugales :

- 3919 : **Violences Femmes**
- 0 800 05 95 95 : **SOS Viols**
- 01 30 31 05 05 : **SOS mariage forcé**
- 0 900 08 11 11 : **Planning familial**
- www.arretonslesviolences.gouv : **pour signaler des violences sexuelles et sexistes 24/24 h et 7/7 j auprès des forces de l'ordre**
- **Réseau national d'associations pour les victimes**
www.fance-victimes.fr
- **Tchat anonyme « En Avant Toutes »** pour les femmes victimes de violences sexuelles et sexistes http://commentonsaime.fr

Contacts utiles pour le harcèlement scolaire :

- prévenir la **direction** de l'établissement scolaire
- **appeler le service d'accueil des victimes « Non au harcèlement »** au 3020
- appeler le service d'accueil des victimes de harcèlement en ligne **Net écoute au 0800 200 000**
- **Réseau national d'associations pour les victimes** www.france-victimes.fr
- enfin, la victime et les parents peuvent aussi saisir la **Direction académique des services de l'Éducation nationale (Dasen)**, notamment pour demander un changement d'établissement. Toutes les coordonnées sur www.education.gouv.fr

Contacts utiles en cas de harcèlement moral et/ou sexuel au travail :

- **France Victimes** de 9 h à 19 h 7/7 j au 116 006
- **Défenseur des droits** du lundi au vendredi, de 8 h à 20 h au 09 69 39 00 00
- **AVFT** (Violences Faites aux Femmes au Travail) : 01 45 84 24 24
- **Médecine du travail** (chaque ville dispose de son propre numéro de téléphone)
- **Réseau national d'associations pour les victimes** www.france-victimes.fr

Contacts utiles pour les victimes de cyberharcèlement :

- **Numéro vert Net Écoute** 0800 200 000 de 9 h à 19 h/educnat@netecoute.fr
- **Association « Stop Fisha »** – jenesuispasseule@protonmail.com
- **Plateforme Pharos** mise en place par le gouvernement pour signaler le contenu
- **SOS Homophobie** : tchat en ligne https://www.sos-homophobie.org/chat

SOURCES

Notes de bas de page

1 Enquêtes « Cadre de vie et sécurité », Insee-ONDRP-SSMSI, 2009-2019.

2 Enquête IFOP, *Les Françaises face au harcèlement sexuel au travail, entre méconnaissance et résignation*, 2018.

3 Sondage mené par L'Oréal Paris et Ipsos en mars 2019, « Sondage mondial sur le harcèlement sexuel dans les lieux publics ».

4 Étude du Haut conseil à l'Égalité, 2015.

5 Étude de l'INSEE.

6 Personnes subissant du sexisme, Juliet Drouar.

7 Collage sur un mur de Marseille, tiré du compte Instagram @collages_feminicides_marseille.

8 Définition www.simonae.fr – article « Expliquez-moi les avertissements de contenu *(Trigger warning, content note)* », 5 septembre 2016.

9 Décompte de France TV Info réalisé à l'occasion de la Journée Internationale des droits des femmes, 8 mars 2016.

10 « Ces 200 personnalités sont les stars des rues françaises », Slate, 12 avril 2016.

11 « Femmes et espace public : 10 chiffres à connaître », www.egalite-femmes-hommes.gouv.fr.

12 The Global Media Monitoring Project (données de 2015) ; Rapport du Secrétaire général des Nations Unies E/CN.6/2020/3.

13 Base de données officielle des Academy Awards (données de 2020).

14 *Petite histoire de la Palme,* Festival de Cannes (données de 2019).

15 Ministère de l'Intérieur, janvier 2019.

16 Union interparlementaire (données du 1er janvier 2020) ; rapport du Secrétaire Général des Nations Unies E/CN.6/2020/3.

17 Source : https://punchlinettes.fr/le-concept/

18 Citation de Patt El Persévérance Dourilla.

19 Code pénal, article 222-33-2-1.

20 *La Lettre de l'Observatoire national des violences faites aux femmes,* numéro 16, novembre 2020.

21 Enquête de 2015 du Collectif féministe contre le viol (CFCV).

22 Source : www.ecouteviolencesconjugales.be.

23 Élaboré par le centre Hubertine-Auclert à l'initiative de la Ville de Paris, du Conseil départemental de Seine-Saint-Denis et de l'association En avant toutes.

24 « Une Américaine appelle le 911 et fait semblant de commander une pizza pour signaler des violences conjugales », Nouvel Obs, 22 novembre 2019.

25 Reproduction d'une affiche inspirée par le concept « Ask for Angela » développé en Angleterre par l'association HeForShe de l'école NEOMA. Traduction : « Hello, je suis Angela, avez-vous

un rendez-vous galant qui ne se passe pas bien ? Est-ce que votre match Tinder correspond à ce que vous aviez lu dans sa présentation ? Est-ce que vous sentez que vous n'êtes pas en sécurité ? Est-ce que vous êtes mal à l'aise ? Si vous allez au bar, et demandez « Angela », notre personnel comprendra que vous avez besoin d'aide et vous aidera à vous sortir de cette situation en vous appelant un taxi ou en vous faisant sortir discrètement. »

26 « Le 3919, un numéro de téléphone gratuit et anonyme pour les femmes victimes de violence, a reçu près de 45 000 appels pendant le confinement. Le rapport constate un pic au mois d'avril avec plus de 29 000 appels, soit trois fois plus que la moyenne des mois précédents. La plateforme *Arrêtons les violences,* qui permet de signaler une violence sexuelle ou sexiste en ligne, a été particulièrement consultée. L'utilisation des « tchats » pour les faits de violences intrafamiliales a été multipliée par 17. Rapport « Hausse des violences conjugales : le 3919 appelé 45 000 fois pendant le confinement », *La Dépêche.*

27 Rapport de l'UNICEF et de l'Observatoire International de la Violence à l'École, mars 2011.

28 Source : UNICEF.

29 Source : education.gouv.fr, 2019.

30 Code pénal, article 222-33-2.

31 Les statistiques proviennent d'une enquête Ipsos pour le magazine *Rebondir,* 2000.

32 DARES : synthèse statistiques n° 24, février 2019.

33 Code pénal, article 222-33-2, modifié par Loi n° 2014-873 du 4 août 2014 – art. 40.

34 Code pénal, article 222-33-2-2.

35 Enquête *Digital Civility Index* menée par Microsoft dans 23 pays en 2020.

36 *Ibid.*

37 Je suis championne de France de *cyberharcèlement,* TedX de Marion Seclin 2017.

38 *Enquête sur le harcèlement et les formes d'irrespect sur les sites de rencontre,* Ifop, 2018.

39 Le pénis, objet de trop nombreux clichés, par Maïa Mazaurette, Le Monde, 2018.

40 Étude du Haut Conseil à l'Égalité (HCE), 2015.

41 Sondage mené par L'Oréal Paris et Ipsos en mars 2019, « Sondage mondial sur le harcèlement sexuel dans les lieux publics ».

42 Enquête Les Françaises et le harcèlement dans les lieux publics, IFOP, 2018.

43 Étude de l'Observatoire national de la délinquance et des réponses pénales (ONDPR), 2018.

44 Enquête *Victimation et sentiment d'insécurité en Île-de-France,* conduite par l'IAU-ÎdF en 2017.

45 Appellation juridique du harcèlement de rue.

46 Ministre déléguée auprès du ministre de l'Intérieur, en charge de la citoyenneté.

47 Code pénal/Titre II : *De l'outrage sexiste* (article 621-1).

48 Information partagée par l'AFP en septembre 2020.

49 Loi du 29 juillet 1881 sur la liberté de la presse, article 33.

50 Code pénal, article 222-22.

51 Code pénal, article 222-27.

52 Code pénal, article 222-23.

53 Enquête *Les Français.e.s et les représentations du viol, Mémoire Traumatique et Victimologie,* Ipsos, décembre 2015.

54 *Ibid.*

55 Code pénal, article 222-23.

56 « 15 signes qui prouvent que Chuck Bass est vraiment l'homme de votre vie », *Les Éclaireuses,* 21 février 2020.

57 Mémoire Traumatique et INSEE – ONDRP, 2014 – 2012 et CSF, 2008.

58 Définition www.noustoutes.org.

59 LONSWAY, Kimberly A.et FITZGERALD, Louise F., « Rape Myths. In Review » in *Psychology of Women Quarterly,* juin 1994, Vol. 18, Urbana-Champaign, University of Illinois, Department of Psychology, p.133-164.

60 Enquête *Les Français.e.s et les représentations du viol, Mémoire Traumatique et Victimologie,* Ipsos, décembre 2015.

61 *Ibid.*

62 Uber est un service de chauffeurs privés.

63 « Uber s'engage enfin contre les violences à son bord », CBNews, 17 mars 2021.

64 *La Lettre de l'observatoire national des violences faites aux femmes,* numéro 14, novembre 2019.

65 Lien du fichier PDF téléchargeable : http://www.justice.gouv.fr/art_pix/guide_etre_victime_a_l_etranger_2014.pdf

66 Étude de l'Observatoire national de la délinquance et des réponses pénales
(ONDPR), 2018.

67 Code pénal, article 621-1.

68 Sondage mené par L'Oréal Paris et Ipsos en mars 2019, « Sondage mondial sur le harcèlement sexuel dans les lieux publics ».

69 Bahamas, Canada, Colombie, Costa Rica, Croatie, République tchèque, Équateur, Indonésie, Espagne, Royaume-Uni, United States, Trinité-et-Tobago.

70 Pionnier de la méthode des 3D de l'intervention des témoins.

71 Je vous conseille vivement de lire Non c'est non, d'Irène Zeilinger (éditions Zones), si l'autodéfense vous intéresse.

72 « Arme de catégorie D (acquisition et détention libres) », service-piblic.fr

73 Code pénal, article 222-32.

74 Code pénal, article 222-22-2.

75 Code pénal, article 222-22-2.

76 Code pénal, article 222-27.

77 Code pénal, article 222-22-2.

78 Sondage Ifop, *Le boom du « no bra », tendance de fond ou effet de mode ?,* 2020.

79 Vous retrouverez une définition de la culture du viol en première partie de ce livre, page 82.

80 Mémoire Traumatique et INSEE – ONDRP, 2014 – 2012 et CSF, 2008.

81 Enquête *Running while female de Runners' World,* 2017.

82 Définitions proposées par le site Internet Psychologies.com.

83 L'état de stress post-traumatique (ESPT) est un état chronique qui se manifeste plus d'un mois après un événement traumatisant. – « Syndrome de stress post-traumatique : définition, symptômes, traitements », *Science et Avenir,* 2014.

84 Citation inscrite sur la synagogue de Strasbourg.

85 Citation d'Alain Leblay.

86 « Les initiales EMDR signifient *Eye Movement Desensitization and Reprocessing,* c'est-à-dire désensibilisation et retraitement par les mouvements oculaires. » – www.emdr-france.org.

87 Aussi appelée « Revécu sensoriel », la Technique d'Identification des Peurs Inconscientes (TIPI) est une méthode visant à identifier et supprimer les peurs et angoisses. Elle a été conçue pour se libérer de ses peurs et émotions parfois handicapantes dans la vie quotidienne. – www.medoucine.com.

88 NERTI signifie « Nettoyage Émotionnel Rapide des Traumatismes Inconscients ». Cette méthode simple et rapide permet de se libérer des hyperréactivités émotionnelles, c'est-à-dire des réactions excessives et disproportionnées face à certaines situations de la vie. – https://nerti.fr/.

89 Elle mêle acupuncture, ostéopathie, kinésithérapie et s'appuie sur le principe de l'homéopathie (« mémoire de l'eau », dilution) et des connaissances en anatomie comparée (paléontologie). À partir d'un geste manuel, elle vise à détecter des zones de résistances, non visibles à l'imagerie médicale, potentiellement à l'origine de douleurs ou de mal-être. Ceci pour ensuite réveiller en douceur le traumatisme initial enfoui et le « représenter » au patient sous forme « diluée », afin qu'il puisse être évacué. – « La microkinésithérapie, qu'est-ce que c'est ? », 15 mars 2019 – www.notretemps.com

90 Le nom de la technique de libération émotionnelle vient de l'anglais *Emotional Freedom Techniques.* Elle consiste à tapoter du bout des doigts les points d'entrée des méridiens d'acupuncture en répétant une phrase positive en rapport avec le problème traité. – « L'EFT pour libérer vos émotions », 2014 – www.psychologies.com

91 Le diaphragme est le muscle qui se situe entre les poumons et le système digestif. Il aide à la respiration, mais aussi à la digestion et c'est aussi lui qui, lorsque l'on ressent un stress, se contracte et bloque la respiration… d'où l'intérêt de le détendre !

92 Exercice respiratoire qui amène à un recentrage et un état de détente.

93 Toutes les plantes et leurs bienfaits sont sur le site Internet www.fleursdebach.fr.

Sites Internet, vidéos et articles

– « Pour en finir avec le déni et la culture du viol en 12 points », Dre Muriel Salmona, psychiatre et psychotraumatologue, présidente de l'association Mémoire Traumatique et Victimologie, Janvier 2016, (www.memoiretraumatique.org).
– « Regards de femmes : sexe sans consentement », réalisé par Delphine Dhilly, Infrarouge, France TV.
– « Le harcèlement sous toutes ses formes : quels sont les recours pour les victimes ? », par Marine Gautier, Justifit, 25 janvier 2021.
– « Savez-vous reconnaître le harcèlement sexuel ? Notre quiz sur la vie au bureau », Le Temps (labs.letemps.ch).
– « La place des hommes dans le féminisme », par Louise Delette, Femmes de droit (femmesdedroit.be)
– « Expliquez-moi les avertissements de contenu (*Trigger warning, content note*) », par Eva-Luna et Charly, Simonae.fr, 5 septembre 2016.
– « Les chiffres de référence sur les violences faites aux femmes », Arrêtons les violences, Gouv.fr.
– « Le harcèlement de rue, quotidien des femmes, mêmes jeunes », *Le Point*, 27 novembre 2020.
– « 10 nouveaux droits des femmes face aux violences », *Huffpost*, 25 novembre 2020.
– « Femmes de la rue », de Sofie Peeters, Dailymotion.
– « Harcèlement sexiste et sexuel dans l'espace public : Poser un interdit pour des comportements qui empoisonnent le quotidien des femmes », rapport du Haut Conseil à l'Égalité entre les femmes et les hommes, Gouv.fr.
– « Consentement dans le couple : "Le viol domestique est encore moins entendu que les autres." », *Madame Figaro*, 3 juin 2020.
– « Convention du Conseil de l'Europe sur la prévention et la lutte contre la violence à l'égard des femmes et la violence domestique », (https://rm.coe.int)
– « Expliquez-moi la culture du viol », par Luna, Aleeshay, Charly et Shamrodia, *Simonae.fr*, 24 novembre 2016.

– « Que faire en cas de harcèlement ? », Direction de l'information légale et administrative, Gouv.fr
– « Le "Safe Doc" pour les victimes de violences faites aux femmes », par le compte Instagram @jeporteplainte_.
– « Visualisation des données : La représentation des femmes dans la société », ONU Femmes, 25 février 2020, (unwomen.org).
– « Outil de prévention des violences : le violentomètre », Centre Hubertine Auclert.
– « Violences : tous les contacts utiles. Violences sexistes et sexuelles, violences au sein du couple, violences faites aux enfants. Dispositifs d'accompagnement des femmes et enfants victimes de violences », #NousToutes (noustoutes.org).
– « Être victime à l'étranger. Conseils, démarches et droits. Guide d'information à destination des ressortissants français victimes à l'étranger », édition 2014, Justice.gouv.fr
– « À Paris, "Nous Toutes" rebaptise 1 400 rues avec des noms de femmes », *Nouvel Obs*, 8 mars 2019.
– « Le boom du "No Bra". Tendance de fond ou effet de mode ? », rapport d'étude pour Xcams, IFOP, 15 juillet 2020.
– « Le cycle de la violence conjugale », Écoute Violences Conjugales, (www.ecouteviolencesconjugales.be).
– « Hausse des violences conjugales : le 3919 appelé 45 000 fois pendant le confinement », *La Dépêche*, 31 juillet 2020.
– « Une Américaine appelle le 911 et fait semblant de commander une pizza pour signaler des violences », *Nouvel Obs*, 22 novembre 2019.
– « #lepointnoir contre les violences faites aux femmes pour aider les victimes sous emprise à parler. Hommage à la Black Dot Campaign », (lepointnoir.com)
– Sos Femmes Solidarité 67 « À l'école des enfants heureux… enfin presque », Enquête de victimation et climat scolaire auprès d'élèves du Cycle 3 des écoles élémentaires, par l'Observatoire International de la violence à l'école pour l'Unicef France, mars 2011.

– « Les Françaises face au harcèlement sexuel au travail, entre méconnaissance et résignation », IFOP, 28 février 2018 (ihemi.fr).
– « Victimation 2018 et perceptions de la sécurité. Résultats de l'enquête Cadre de vie et sécurité 2019, par l'Observatoire National de la Délinquance et des Réponses Pénales, Institut national des hautes études de la sécurité et de la justice.
– « Le stealthing : vers une extension de la définition jurisprudentielle du viol par surprise ? », par Antonin Paillet, Village de la Justice, 7 juillet 2020.
– « Enquête sur le harcèlement et les formes d'irrespect sur les sites de rencontre », IFOP, 13 novembre 2018.
– « Les violences faites au sein du couple et les violences sexuelles en France en 2019 », Arrêtons les violences, Gouv.fr
– « Trois salariés sur dix sont victimes de harcèlement moral au travail », Ipsos, 5 juin 2000.
– « Ce qu'il faut savoir pour se défendre de harcèlement moral en 2020 », Juritravail, 1er mars 2020.
– « *Safer Internet Day* 2020 : 62 % des Français se déclarent harcelés en ligne, un chiffre en hausse de 10 % par rapport à l'année dernière », news.microsoft.com
– « #BalanceTonPorc, #Meeto, #Stopharclementderue. Les Françaises et le harcèlement dans les lieux publics », étude réalisée par questionnaire auto-administré en ligne du 26 au 29 janvier 2018 auprès d'un échantillon de 2 008 femmes représentatif de la population féminine résidant en France métropolitaine âgée de 15 ans et plus, IFOP, 10 avril 2018.
– « Les Français.e.s et les représentations sur le viol et les violences sexuelles » rapport d'enquête de l'Association mémoire traumatique et victimologie et l'Institut IPSOS, enquête réalisée du 25 novembre au 2 décembre 2015.
– « Les Français.e.s et les représentations sur le viol et les violences sexuelles », enquête réalisée par l'Institut IPSOS et l'association Mémoire traumatique et victimologie, du 25 novembre au 2 décembre 2015.
– « #balancetonporc : le hashtag qui dénonce le harcèlement sexuel subi par toutes les femmes, dans tous les milieux », *Marie Claire*, mai 2018.

Cet ouvrage est composé de matériaux issus de forêts bien gérées certifiées FSC®, de matériaux recyclés et de matériaux issus d'autres sources contrôlées.
Le Forest Stewardship Council® est une organisation internationale non gouvernementale qui encourage une gestion écologiquement adaptée, socialement bénéfique et économiquement viable des forêts de la planète.
Pour en savoir plus, consultez le site www.fsc.org

FSC
www.fsc.org
MIXTE
Papier issu de sources responsables
FSC® C007507

Achevé d'imprimer en mai 2021
par Graphycems
Dépôt légal : juin 2021
Imprimé en Espagne

Emanouela Todorova
illustrations d'Alexia Allet

DIS BONJOUR SALE PUTE

LEDUC

Leduc s'engage pour une fabrication écoresponsable !
« Des livres pour mieux vivre », c'est la devise de notre maison.
Et vivre mieux, c'est vivre en impactant positivement le monde qui nous entoure ! C'est pourquoi nous choisissons nos imprimeurs avec la plus grande attention pour que nos ouvrages soient imprimés sur du papier issu de forêts gérées durablement, et qu'ils parcourent le moins de kilomètres possible avant d'arriver dans vos mains ! Pour en savoir plus, rendez-vous sur notre site.

Autrice : Emanouela Todorova
Éditrice : Mathilde Poncet
Préparation de copie et correction : Améline Néreaud
Direction artistique et maquette : Alexia Allet
Design de couverture : Alexia Allet
Illustrations : Alexia Allet
Photographies : Erik Lassale
MUA : Margot Priolet

10 place des Cinq-Martyrs-du-Lycée-Buffon
75015 Paris – France
ISBN : 979-10-285-2200-1